転換期を読む25

ドイツ的大学論

フリードリヒ・シュライアマハー◆著
深井智朗◆訳

未來社

目次

はじめに　5
1　学問的な団体と国家との関係について　9
2　学校、大学、アカデミーについて　27
3　大学一般についてのより詳細な考察　51
4　諸学部について　69
5　大学の倫理と監督について　97
6　学位を授与することについて　117
付録　〔ベルリンに〕新たに設置される大学について　129
訳者解題　ベルリン大学創設とシュライアマハーの『大学論』（一八〇八年）　153
訳者あとがき　184

装幀——伊勢功治

ドイツ的大学論

Friedrich Daniel Ernst Schleiermacher,

Gelegentliche Gedanken über Universitäten in deutschem Sinn.

Nebst einem Anhang über eine neu zu errichtende.

In der Realschulbuchhandlung: Berlin 1808

はじめに

これは小さな書物の小さなまえがきにすぎない。このような書き方からも明らかなように、この書物を、〔与えられた〕課題について、学問的に十分に探求した結果に基づいて書かれたものだなどと誤解しないで欲しい。〔だからと言って〕このようなスタイルで書かれた本書は、私たちが直面している問題への対応という点では、いま〔具体的に〕起こっている出来事にのみ有効な〔場当たり的な〕ものだと自ら〔卑下して〕言うなら、それは逆に誤った類の謙遜ということになるであろう。もしそんなことをするならば、実際には今日直面している問題に対して有効な対応をするためにだけ書かれたにすぎないものであるのに、それを学問的であると主張することはやはり誤った傲慢であるわけだが、それと同じ過ちをおかすことになってしまうであろう。事柄はまさに、厳格で、根本的な取扱いを必要としており、この問題は著者にとってもまったく無関係な学問領域に属するものではない〔のでこのような書物を書いたのである〕。それゆえに著者として私自身が望むことは、むしろここで取り扱ったような考え方が、全学問領域との関連で、ひとつの部門としてきちんと確立されることなのである。ただ著者としては、学問的な完全性や厳格な表現を本書の執筆にあたってはまったく求めなかった。むしろ、多くの古いものが破壊され、新しいさまざまな萌芽が見出されるなかで、時代へのひとつの警鐘として、〔誰にでも理解できるように〕可能な限り軽いタッチで執筆するために、理解しやすい言葉を使い、表現の完全性については犠牲を払うことにした。

学問的な制度の創設、あるいは刷新に携わろうとする者たちが、自らが対象について十分な知識をもっているか、またそれらの対象の個々の部分について本当によく諸連関を認識しているかどうかということについて、きちんと反省し、そのうえで与えられた仕事を引き受けるということはおそらくないであろうし、現実にそのような対応をすることは難しいことだと思う。実際に制度を新しく創設し、刷新しようとするなら、以前から続いているこの問題についての自分とはまったく正反対の考え方や意見と直面するに違いない。確かにそれらのいずれの見方も、なんらかの真理性をもっているはずであり、取り組む価値のあるものであるに違いない。しかしもしそれがその人の立場やその人の利害上の関係から生じた、一面的な見方にすぎないなら、そのようにして描き出された全体像というのは、厳密なものではないし、真実とはほど遠く、さらに言えばまがいもののようなものではないだろうか。なぜなら、個別的な事情や連関というのは、事柄それ自体を測る基準にはならないし、個別的なもの自体がなんらかの固有の基準をもつことはないからである。それにもかかわらず、このような利害上の関係、個別的で特殊な事情、またまったく無関係な方面からの要求が、実際の判断に影響を及ぼしてしまうのであり、それを回避することは困難なことである。

それゆえに、以前から私たちの間で、大学設立という課題と誠実に取り組み、また多面にわたる分析を試みてきた者たちは、このさいすすんで自らの見解を提示すべきではないだろうか。というのも、もし新しいなんらかのものを生み出そうというのであれば、ひとは、すでにここにあるものについて、何が本質的なものであり、何が偶然の産物なのか、あるいは何が取り除かれるべきであり、また何が誤解に基づくものであるのか、ということを判断しなければならないからである。これらのことのみならず、何かをなすさいに不適切なものというのは、人間の行為や働きのあらゆる場面で見出されるはずである。

これらの考察は、問題を取り扱うことになった人、あるいは改革や新しく作られるものを管理するために選ばれたごく少数の者たちだけではなく、この事柄に関心をもつすべての人のために公けにされるべきである。それゆえに、さまざまな人々が、この考察を検討し、本書での私の議論に触発されて、私と同様に、いやそれ以上に確実に、そして根源的に問題を認識して欲しいと願う次第である。

1　学問的な団体と国家との関係について

人間にはさまざまな種類の知識だけではなく、ひとつの学問があるべきだということは、人々の間で共通に前提とされていることだと言ってよいであろう。学問への要求や期待はあらゆるところで見出される。伝承された習慣に基づいて仕事をしている人は、彼の祖父母たちの仕事のやり方を尊重する。そのさい、彼らがそれに従っている理由は、彼らの祖父母の仕事のやり方が、単なる因襲的な権威によるのではなく、それ以上のなんらかのより高次の理由に基づいて決定されていると感じているからであろう。もしそうでなかったならば、そのような仕方で仕事をすることは無意味なことになってしまう。また同じようなことであるが、人間としての行為をただ本能に基づいて行なうような人がいて、「その人がなぜそんなことをするのか、ということについて、自分には分からないそのような行為の理由について自分自身によってではなく、誰かに」説明してもらいたいと考えている人がいる。それはまさに、学問の必要性を暗示していると言ってよいであろう。

しかし学問は、個々人が〔ひとりで取り扱いうる〕事柄ではないし、ひとりで完成させられるようなものでもなく、またひとりですべてを独占しうるようなものでもない。むしろそれは共同の仕事であるべきで、個々人は自らに与えられた部門を担い、また同時にひとは他の人々と全体を共有する。そのことを通して個々人は自らの学問が全体のごく一部にすぎないこと、また完全ではないものの一部を担っているにすぎないということを認識する必要がある。知識の領域ではすべてのことは相互に連関しているので、個別的にではなく、それらを全体と関連づけることで知識は理解されうるのである。言い換えれば、個々〔の知識〕は、他〔の知識〕を含む全体との関連において、またひとつの部分を構築することがその他の全体の構築と関係しているので、個別的ではなく、相互の連関が可能になる程度に応じて、よりよく理解されるようになる。あらゆる学問〔領域〕の必然的で、内的な統合というのは、このような方法が試みられることが自明であると考えられているならば、どこでも実感されているはずである。あらゆる学問的努力は相互に結びつこうとし、ひとつに集まろうとしているのである。このようなことは他の人間の行動のなかには見られない。すなわち学問の領域以上に、より広い共同体を作ろうと努力するものは他にはない、その起源から、変化や断絶のない伝承を保持し続けているものは他にはない。確かに学問の領域でも、かつて人間の個々の努力が、相互に引き裂かれてしまい、分散し、それぞれが力づくで、個々人の意志で、それらをばらばらにしてしまったということがなかったわけではない。同じ時代にさまざまな民族がなした学問的な試みは、しばしば他の民族のなしたものとはほとんど関係していないし、個々の時代は、他のあらゆる時代と断絶している。ただもしひとがより広い視野に立ってこの事柄を見ようとするならば、そのような状況にあっても、さまざまに引き離されてしまったものを相互に関連づけようとするたゆまぬ努力によって、内的統合へと向かう力がそこで支配的に働いていることを知ることができるはずである。

このような繋がりを考えるなら、あるひとりの学問をする人間が、ひとりだけで研究し講義をするというような生活をしうるというのは空虚な幻想にすぎない。それどころか、学問をする人間にとっての第一の戒めは、他の学者と認識を共有するために努力するということである。ただひとりで学問的なことを語ろうとしても、言語なしにはそれが不可能であるということ自体が、この戒めが学問にとって本質的なものであることを明らかに示している。それゆえに、認識への純粋な衝動からも、学者には、目的としてかかげたことを一貫してなすために必要な協力、他の学者とのさまざまな種類の団結、それぞれの研究分野での相互協力ということが必要になったのである。この点からすれば、今日の既存の〔学問にかかわる〕諸機構が、ただ国家の政策として生み出されたという見方は、現時点ではそのように見えるとしても、事実誤認というべきである。知識というものが、もともと相互に結びつくことができないようなものであるならば、いかに国家が努力をしてみたところで、それを結びつけることなどできるはずがない。もし、まったく無学な国民を、数えるほどしかいない教育を受けた国民が教育し、学問への関心を感じさせなければならない、というようなことであるならば、国家は、講義のための固有な施設を建設しなければならないだろう。しかし多くの場合はそうではない。学問が相互の結びつきや団体を必然的にもとめるものであるという理由はいたるところに見いだされる。家族による教育のなかに、すでに学問の講義や共同体作りの萌芽を見出すことができる。またより大きな〔教育のための〕施設の場合でも、それ自体が自然に生み出されたものなのか、国家によって設立されたのか、あるいは教会によるものなのか、判断しにくいものであるが、事柄の本質に忠実に問題を考えるならば、あらゆる〔既存の教育のための諸機構は〕何か根源的なものから自由な仕方で、あるいは内的な衝動によって発生したと見るべきではないだろうか。

確かにこのような諸機関は、設立され、その形がはっきりしてくるにつれ、教育を援助するものや、教育的手段と道具が必要になるだけではなく、そこに集結している者たちの資格審査、さらには他の諸集団との合法的な交流ということが必要になってくる。この段階になれば、それらのことはみな明らかに国家によってなされざるをえなくなる。そして同時に、学問のために結ばれた者たちも、このような団体をそれにふさわしく承認、認可、保護するように要求しはじめる。ドイツ民族、ドイツ領邦諸国家だけは、このような要求とはまったく無縁だったなどということはない。〔それどころか〕私たちの民族、国家においては、それが国家に対して否定的な態度でないならば、あらゆる目的をもった者たちが自由に団体を結成することを容認し、また、それらが反市民的、国家破壊的な行為をするものであることが明らかでない限りは、その団体を承認してきたのであり、むしろ国家は、これらの団体は個々人より大きな法人であることを認めて、それにふさわしい法的権限を与えてきたのである。

国家は、もしその団体が国家にとって必要なものだと判断すると、ただちにその団体を取り込み、自らの一部であるかのように取り扱うものなので、今になって、それが自由な〔意志で〕自ずと発生したものなのか、あるいは権力によって生み出されたものなのかが区別できなくなってしまうことがしばしば起こる。これまで見てきた通り、今日の多くの学問的な団体もそのようなもののひとつである。しかし、さまざまな個々の団体が学問的な努力を密接な協力のもとに行なっているなかで、その協力がある特別な国家的な意図にかなうことであったので、学問的な団体が他の団体とは異なって、元来は自分たちとは別物であった国家に迎合するような仕方で結びつこうとしているなどという説を十分な理由を示すことなく主張したとしても、今日のような教育の行き届いた時代では、それを受け入れるひとはいないであろう。そしてもしこのような意味での国家との結びつきが明らかになるなら、学問的な団体からの〔そのことに対する〕批判が起こらないということはないだろう。まさに、国家との関係についての真実であり、本質的な問題というのはこれから論じるようなことであろう。

あるひとつの言語が通じる領域で形成された学問的な活動は、言語によって、他の言語が使用されている領域で生じた学問的な活動よりも、本質的にある特定の国家と強く結びついてしまうので、より包括的で大きな全体のなかに、個別的で排他的な全体というものを生み出すことになってしまう。そしてあるひとつの言語のなかで学問的に形成され、表現されたことは、その言語の特別な性質と分かちがたく結びついてしまうのである。それゆえに、数学や実験による実証をともなう自然に関する教説のように、いずれの場所でも必然的に同じ結果となる経験や行為を直接的に扱う学問でないかぎり、学問的な活動をまったく同じように他の言語に翻訳することは不可能である。学問は、言語によって結びつけられ、ひとつの類としての全体を作り上げるものである。そのために、学者たちにとって、相互のさまざまな領域の間の分断を解消し、言語の壁をなくし、言語によって生じている分裂を、相互に比較し、結集させることが不可欠の課題となる。この課題は、言語と結びついた学問的な領域においてはもっとも重要な目的ということになるであろう。しかしこの課題は、確かに学問の交流にとって最重要な課題なのであるが、おそらく解決することが困難な課題でもある。その意味で言語による分断は避けることができない。それゆえに私たちは、学問的な団体というのは、どのような場合でも、知識に対する自由な衝動によって発生するのだと考えるのであるが、この団体が、同じ言語が通じる範囲でまずひとつに結びついてしまうことは避けられないことである。そしてこのような団体はきわめて密接なものとなり、このような結びつきを経ることなく集められた交流は二次的なものにすぎない。

国家も、専門知識、とりわけ諸学問が、応用が利き、便利で有用なものであることをだんだんと理解するようになる。すると国家は、大きくても小さくても、また国家の固有の意志が正しい場合でも、正しくないような場合でも、ひとつの集合的な全体であろうとしている学問を必要とするようになる。それゆえに国家は学問に対して、本来的な意味での完成を求めることはないにしても、少なくともさまざまな領域における知識については、ひとつに集結した学問になろうとする動きや意識の萌芽があることを無意識のうちに、あるいは直感的に、または明確な要求として期待、あるいは察知し、国家が学問を具体的に形成するということが起こりうる。その場合には、たとえそれをするのが国家であっても、個々の人々の場合と同じように、知識の領域をごく限定された技巧的なものと結びつけるだけではなく、より普遍的な意味をそれと結びつけないかぎり、それらの知識は高尚で、価値あるものとは見なされない。そのために、個々の人々の場合と同じように、国家の場合であっても、これらの知識を、本質的にも、また必然的にも、学問的に基礎づける必要性を考えるようになり、そのことによってはじめて、学問は正しく発展し、完成すると考えるようになる。また国家は、このような意味で完成に向かおうと努力している学問を有機的に結びつけようと努力するようになる。それゆえに国家はそのための施設をもしもっていないとすれば、それを自ら設置しなければならなくなる。もしすでにそのようなものが存在しているならば、それを取り込んで自らのものにしてしまえばよい。学問的な団体も、それによって国家によって保護され、支援されるようになるので、国家も学問的な団体も、相互に理解し合い、ひとつになろうと努力するようになる。そのような場合でも、国家は、歴史を見れば明らかなことであるが、もっぱら自らのために、国家の利益のために行動するので、国家は確かに学問を支援しようとするが、国家利益の限界を超えるようなことまでを実現しようとはしないものである。〔たとえば〕ある国家がその領土においてその〔ひとつの〕言語を用いているなら、学問的な結びつきをより密接にしようと努力するのはその言語が通じる領域内であって、その限界、すなわち国境を越えてまでそれをなそうとはしない。前者のような場合であれば、〔すなわち国家がその領土においてひとつの言語によって支配されているとしたら、〕両者は相互に他者を必要とするようになり、遅かれ早かれ、あるいは両者が相互利益を確信しているかどうかの程度の差はあったとしても、ぶつかり合うことなどせずに、相互に密接に結びつくことになる。しかし後者のように、もし国家がその領土において〔ひとつの言語によって〕支配されていないとしたなら、国家と学問的な団体は、相互に協定を締結するさいに、お互い別の関心や利益をもつようになってしまう。学者たちは国家と国家による支援を、言語的な領域を超えたより広い領域で、より指導的な力を行使するために利用しようとし、国家というより狭い限界を認めようとはせず、国家の支援への見返りとして、国家に対して〔なんらかの学問的〕貢献をする場合でも、それは常に副次的なことだと考えている。それに対して政府は、国家と学問的な団体との関係が密接になればなるほど、学問的な団体に対してより利己的な要求を突きつけてくるようになるし、さらに広い、国を超えた学者の結びつきのゆえに、そこから国家に対する無関心な態度が生まれることを避けようとして、国外の影響、あるいは臣民としての精神に反するような影響を回避しようとするものである。

それゆえに政府は、可能なかぎり教養ある者たちを、国家という制約のなかに置き、よりドメスティックな結合を重視する政策をとるようになる。それとは逆に、ある国家が、その領土に複数言語を包含しているなら、国家は教養をもったすべての人々に対して、みな同等にひとつとなることを奨励し、ひとつの全体となることを勧めるものである。しかしその場合にはこの教養をもった人々の間に、明らかに二つ〔以上〕の党派が生じてしまうので、個々の言語の領域に住む者たちは、他の言語の領域に住む者たちに対して、権力者の庇護を独占したいと考えるようになり、結局はより親密な結びつきというのは、ただ同一言語の者たちの間でだけ感じられるようなものになってしまう。もし国家が言語の境界を超えて拡大しようとするならば、これが不自然なことであることは、ごく最近のあの偉大な指導者自身が主張していることでもある。(1) おそらく人々は、彼がなぜそのようなことを述べたのか、どのような必要性があったので、そのようなことを意識したのかと不思議に思っていたに違いない。〔しかしそれはこのような事情からなされた発言なのである。〕ひとつの、そして同じ言語の領域が、さまざまな小さな〔領邦〕国家に分割統治されているドイツのような場合については、(2)〔彼は〕どうすれば

(1) これはナポレオン一世のことで、一八〇六年一〇月にイエナ・アウアーシュテットの戦いでプロイセンはナポレオン一世率いるフランス軍に大敗し、ハレ大学は彼の命令により閉鎖された。プロイセンは代替としてベルリンに大学を開設することを決定し、その計画についてシュライアマハーは一八〇八年に本書で自らの見解を述べた。

よいのかを明らかにしていない。〔それにもかかわらず〕少なくとも、もしこれらの個々の国々が緊密に結びつくことはもちろんよいことである。もしこれらの国の学問的な組織がドメスティックなものであるならば、それは不適切な状態であることは明らかである。なぜならそのようなものは、ただ外面的で、いびつなひとつの全体を形成したにすぎず、その国が小さければ小さいほど、〔その国の内部で〕学問的な組織を形成しようとする試みは、ただ人々の笑いものになるような行為だからである。さらに言えば、学問的組織はその性格上、より包括的な学問団体の一部でなければならないので、そのような団体から自立しようとすればするほど、その影響を受けることが困難になり、自らの〔学問の〕修養や健康管理を妨げることになってしまうからである。事実、もしドイツ人のある国家が、そこにある彼らの学問的教育施設にこだわり、そこにだけ意味を見出しているとしたら、これほど、不自然な、そして公共の福祉に反することはないであろう。ドイツ人の諸国家が形成しなければならない交わりというのは、学問的な諸問題においてこそ現実化しなければならないはずである。言語が〔ドイツにおいては〕ますます統一されつつあるが、国家とも言語とも密接に結びついた学問の領域においてこそ、より多様で、より真実で、そしてより堅固な交わりが形成されるべきなのである。そしてこのことこそ、外的には断絶している国家間の内的統一を明らかにするための正しい手段であり、そしてもっとも自然な準備になるとは言えないだろうか。また学問的な教育をさらに広めてゆくことの他に、知恵深く、自己利益に支配されず、些細な欲望や偏見を乗り越えて、長い間続いている分断状態をもはや続けるべきでも、これ以上展開すべきでもないことを明らかにし、きちんと判断することできる何か〔良い〕方法がありうるだろうか。

ところでこのような誤りを免れているような〔領邦諸国家の〕政府が私たちの祖国にはどれだけあるだろうか。そのような政府はほとんどないのではないか。むしろどの政府も国民も、ただ自分たちのことだけを考えており、いずれかの領域でなされた学問の成果を祖国ドイツの業績として歓喜し、それに名誉を感じるのではなく、まったく違った二つの政策をとってきた。〔ひとつめの政策というのは次のようなものである。すなわち〕いくつかの政府は、自国の教育のための諸施設を全ドイツにおける学問的な業績の中心とするために、他の諸国から学問的に優れた人々を招こうとして、混乱を生み出している。もしそれが〔他の諸国よりも学問の発展において〕遅れをとらないようにというような明瞭な理由があるのであれば、あるいは学問に携わる人々の経費を負担できない小さな国家を助けるとか、共同することで、才能豊かな人物に給料を支払うことができるというような積極的な考えに基づいているのであれば、なにも言うことはない。しかし実際には、その理由というのは、自国の学問に求められている発展のために、他国へ依存することをやめたいということなのである。〔諸国のこのような独自な行動は〕学問の共同の成果を管理し、それをさらに発展させるために諸国が協力するということ

(2) この時代は一八七一年ドイツ統一以前の状況であり、ドイツは諸領邦国家の連合体であった。ドイツ国民のための神聖ローマ帝国は一八〇六年八月には法的にも解体していた。

でないなら、それはただ高慢なことであり、無利益な行為である。さらにそれは、精神的な優位性を得ることによって、自らの国家に、固有の領土を越えるような権力や威信をもたらそうとする行為である。これはもっとも平和的で、美しい〔他国への〕侵略方法と言えるのかもしれないが、実際にはそこでの拝金主義が学者たちの取引材料となってしまっており、それは学問にとって危険なことである。そしてこのような侵略が国家間の本来の力関係とは違ったバランスのもとになされるとしたら、またいかにも小心者がするようないやらしい仕方で試みられたら、それは奇妙な結果になりかねないし、病的でさえある。もうひとつの政策というのは、学問的〔成果の国内への〕封鎖であり、政府は、諸外国との学問的な交流を制限し、禁止し、市民が、隣接する諸国家の学問的な活動に関与することを、さまざまな方法で妨げようとする。このようなことは、教会が国家を支配しているような、ドイツのカトリックの諸領邦で最近でも見られることである。(3) それは暗黒な状態と言わざるをえず、まことに憐れな、同情に値する状況がそれによって生じていることの証拠である。もし自国より大きな国に包囲された、規模の小さな国がこのような封鎖を試み、あらゆる方法を駆使し、あらゆる手段によって、大国からの独立を維持しようとするなら、その意図は理解できるが、精神的な鎖国によってもたらされる隔離は、その国の独立を堅固なものにしたり、保障したりすることには決してならないということが見落とされている。(4) また大国で、学問上の侵略も果たした国が、それによって得たある分野での成功に満足しないで、他の〔成功していない〕分野で成功を得るまで鎖国を強行しようとするならば、明らかにそれは傲慢であり、不当なことであり、卑怯で欲張りな行為であり、学問による支配という政策に暗い影をおとすことになる。このような政府は国民のなかにいる教養ある者たちから批判的な目で見られることになるであろう。

国家は、学問的な諸施設をその手中に収めると、諸施設の管理や指導というより根本的な諸点について、学問それ自体への関心によって相互に結びついている学者たちとは異なった視点からものを考えるようになる。国家と学者は、国家が古代の知者の教え、すなわち「知者こそが治者でなければならない」という第一の教えではなく、「治者は知者であらねばならない」という第二の教えを正しく理解しているならば、よい関係を保つことができるであろう。(5) 政治

（3）帝国代表者会議主要決議（Reichsdeputationshauptschluß）と呼ばれる、神聖ローマ帝国の帝国代表者会議の一八〇三年二月二五日の決議の影響のことを述べている。そこで決定された世俗化と陪臣化によって帝国は崩壊したと言われている。この決議のカトリックへの諸領邦への影響のこと。

（4）シュライアマハーはここで自らの一八〇四年の経験、すなわちヴュルツブルクの大学に招聘されるはずであった彼が急遽ハレ大学に変更となったさいの一連の出来事を考えているのかもしれない。この点については Brief Cabinetsordres an Schleiermacher vom 24. 04. 1804 (Aus Schleiermacher's Leben. In Briefen, Bd. 3, hg. von L. Jonas/W. Dilthey, Berlin 1861, S. 390); Brief Schleiermachers an Friedrich Schlegel vom 26. 05. 1804 (a.a.O., S. 399) および本書の訳者解題を参照のこと。

（5）プラトン『国家編』473c-d. ここでの引用は Platon: Politica 473c-d, Opera, ed. Societas Bipontina, Bd. 1-12, Zweibrücken 1781-1878, Bd. 7, S. 52f.

家たちは、一般的な良識を持ち合わせている場合でも、国家における行政態度は学術的であるというよりは、むしろ芸術的である。その姿はまるで芸術家のようであって、政治家たちは、幸運にも予想が当たることを願い、何が正しいのかは本人の勘を働かせて判断し、芸術家が、自らがもつなんらかの原像をすばやく作品に仕上げるように物事を取り扱う。このこと自体は理解できるし、ある意味で高く評価すべきことであるが、同時にそれは政治家たちが知者として統治しているのではないことの証拠でもある。しかし、もし芸術家的な意識をもった政治家たちが、事実と経験を学問的に見ることの意味を正しく理解し、あるいはまた正しく使用するための手引きを身につけているのであれば、その人は教養ある、正しい判断をすることができるようになるのかもしれない。そして政治家たちも、芸術的な手法で事柄を取り扱う人々と同じように、一方でその人の仕事によって学問を豊かにし、他方で蓄積された学問を直接的に、あるいは間接的に使うことで自らの芸術の役に立つものを引き出すべきなのである。さらに政治家たちによる国家の諸領域における改革も、支配者と、もし可能であれば支配されている者たちが、普遍的な国家についての理念を〔学術的に〕理解し、さらにさまざまな歴史の事例を引き合いに出すことでそれをさらによく解釈することができるなら、そのときもっとも正しく、確かな仕方で可能になるはずである。統治者はこのことをわきまえるべきである。もしそうでないならば、かつてのポーランドや他の多くの国々のような、知識をもった人々はいるが学問が存在しない国に見られるように、破壊され、無政府状態になってしまうか、あるいは、国家による他のコントロールのよく利いた領域や発展している部分とは対照的にいつまでもいちいち伝統に問い合わせようとするあわれむべき経験主義が支配するカーストが固定化してしまうかのどちらかになってしまうであろう。少なくとも、これらのことがまったく認識されていないなどということはないはずなのだが、多くの場合、国家は、学問が与える影響力を忌避したり、恐れたりしている。同時に国家は、そのようなケースでは、知識がもたらす直接的な収益に夢中になり、そのことに心を奪われてしまっている。国家は、あらゆる分野における事実、現象、諸帰結と結びついた膨大な知識に援助を与え、学問的な諸施設を国家が引き受けるさいには、常に成果を求めるものである。しかし学問それ自体のために、自由な意志で学問を営もうとする人々は、単に知識の量を重視するようなことはない。むしろそのような人々を結びつけているのは、あらゆる知識は必然的に統一性をもっており、知識の成立のためには法則や条件があり、あらゆる知覚、そしてあらゆる思想が本来的な意味での知識となるためには形式や形態が求められるという共通の意識である。そしてまさに学者たちは、このような意識を自覚させ、そして広めようとしており、事実このような意識が拡大するならば、そのことを通してまさに〔学問の〕真理や確かさが保障されることにもなる。それゆえに学者たちは、すでにかなりの知識の集成がなされているところであればどこでも、それらの集積された知識に学問としての性格を与えようとする。学者たちは、〔学問の〕対象についての経験をわずかでも得ることができるようになると、まずそのような経験をした人々を学問の領域に招き入れ、さまざまな多様な現実を理解するために、それらの統一性というものを探求するように導き、それぞれの個別性のなかに全体を、さらに個別的なものを全体のなかに見出そうとさせるのである。また学者たちは、自らと同じように教育したいと考えるさまざまな人々を、その準備が整い次第、学問的な統一性や形式というような中心的な問題へと導き、教育し、このような方法のもとに対象を見ることができるように教育し、そこからはじめてさらに個々のより深い領域へと導くのである。なぜなら学者になろうとする人は、全体を実際に厳密な意味で知らねばならないからである。もしこのような人が個々の知識の認識の習得という点で不十分であるならば、その人の知識は単なるより高度な研究のための予備的な価値にすぎないものとなってしまう。それにもかかわらず国家は、このような努力の価値を軽視するのである。私たちは、学問的な諸努力のなかで、あらゆる知識の統一性とそれに共通の形式を与えることを思弁と呼ぶが、そのような思弁が純粋になされればなされるほど、国家はそれを制限しようとする。そして国家は、それを推進するにしても抑制するにしても、さまざまな仕方で影響力を行使しようとしてくる。すなわち国家は、具体的な知識や実際に見いだされた知識の量の増加だけを、それが学問と言えるかどうかなどとは無関係に推進しようとするし、あたかもそれが認識のためのさまざまな努力のただひとつの成果であるかのように見なそうとする。学者たちの団体はこのような国家の傾向に対しては反対せざるをえないし、その団体の目覚めた会員たちは、可能なかぎり学者の団体を国家の権力や命令から分離させ、さらには学者たちの団体の国家に対する影響力を強くしようと考える。そして可能であれば、国家に対して優位な立場に立ち、もしそれが不可能であるというのであれば、より長く信頼され、尊敬されるような立場であろうとする。しかし学問的に教育された者たちが国家に従属してしまい、そのために学問的なものが、政治的なものによって支配され、〔学者たちが学問的なもののあり方についての〕確かな意識をもたないようなことになってしまえばしまうほど、学者たちは国家にますます依存するようになるだけである。またこのような意味での国家と学者との結びつきが強ければ強いほど、元来はより包括的で学問的な国民的団体の一部分であるべきはずの団体が、自らの本来的な原則を堅持しなければならない部分からは切り離されてしまい、国家の御用機関に落ちぶれてしまうのである。とりわけ国家が言語の全領域をひとつの全体としてまとめているような、たいへん強力で堅固な形態である場合には、国家と学問との戦いは、学問にとっては不利なことである。もしひとが逆の状況を生み出そうと努力したとしても、結局それは国家を学問によって粉飾しようとする試み、実際には学問を現状よりは少しは自由にしようとする試みにすぎない。

これまで概略したことに、私たちはこれからの議論のなかで常に立ち返らねばならなくなるであろう。なぜなら国家と学問との相互関係のもっとも典型的な状態を目に焼きつけることなしに、学問の外的な運命を理解することはできないし、特定の課題を解決しようとしても、国家と学問との関係に適応した、適切な解決策を見出すことができなくなってしまうからである。これまでの記述は確かにごく概略的なものであるが、それでもそこから、私たちはなぜ国家はこのような仕方で大学を取り扱うのか、なぜ大学は国家から自立しようとするのか、ということを少なくとも理解することができるのではないだろうか。さて続いて私たちは、大学というのは学問的な団体のなかではどのような立場にあるのか、そして大学のもっとも重要な使命は何であるかを明らかにしなければならないであろう。

2　学校、大学、アカデミーについて

ここでいうアカデミーとは、あらゆる種類の学者たちの団体と理解してよいであろう。それらの団体は相互に、内的な必然性に基づいて結びついている。また学校とは、認識に対する必要性や衝動から直接的に発生したもののことを考える。それゆえに学校は、その管理責任者が必然的に十分な学問的教養をもった人々であり、またそこで学問の領域における知識が直接的に教えられる場所のことである。

〔この項目のタイトルであげたのは〕いまや諸学問を営むためのさまざまな団体のなかの三つの主要な形態である。これらは近代ヨーロッパではどこででも見られる。そしてひとは教養の中心地としてのドイツにおいてこそ、その典型的な姿を確認するであろう。なぜなら他の国では、確かにこれらの個々の形態、とりわけ諸学校とアカデミー〔の二つ〕はたいへん立派な姿で存在しているが、私たちの国では、これらの三つの形態が相互に純粋な形態できちんと並立しているのである。それゆえにひとはこのように言うこともできるであろう。これらのすべて

の形態はもともとドイツ的なものなのであり、結局のところドイツから生まれた別の意味での教養と深く関わっている。それはマイスター〔としての教師〕と丁稚〔としての生徒〕の共同体としての学校、マイスター〔としての教授〕と職人〔としての学生〕の共同体としての大学、そしてマイスター〔としての研究者や教授〕たち自身の団体としてのアカデミーである。しかしマイスターなどというツンフト的なもの(1)を侮蔑する多くの人々からは、それが多くの美点をもっているとしても、学問的な諸施設を、このような批判の多い、古い制度にたとえることは、これらの諸施設を過去の古い遺産によって説明しようとするものだと批判されるかもしれない。それゆえにここではこれらの三つの団体、すなわち学校、大学、アカデミーをそれぞれに〔まず個別的に〕取り扱い、〔次に〕それらが何を意味しており、どのように相互に関係しているのかということを問うことにする。なぜならこれら三つの諸施設を理解することなしに、私たちの〔ここでの〕具体的な問題である大学の本質、また大学という諸制度のあるべき姿について知ること、またそれについて同じ認識をもつことは困難だからである。

教養ある諸民族の共通の業績であり、財産である学問は、人々を〔学問的な〕認識へと教育し、学問を有する者は、学問をさらに発展させるべきである。それは、あらゆる〔学問的〕領域における共通の行為として前提とされていることである。ひとはこの点で前者〔の役割〕があらゆる学校において責任的になされ、それとは対照的な後者〔の役割〕はアカデミーでなされているということに気がつくであろう。学校は、力をつけるための練習を行なうので、鍛えるという意味の外国語を使って表現して〔ギムナジウムと〕呼ばれることはまさに正しいことである。(2) 学校は、期待できそうなよい素質をもち、優れた賜物をもった青少年たちを受け入れ、そのような人々が学問を開始することができるかどうか、あるいは少なくとも、多くの知識の習得が可能かどうか、さまざまな方法で、その可能性について具体的に見きわめようとする。人間がこのような高度な教養を身につける能力をどの程度もっているのかということ〔を測る〕には二つの基準がある。一方では、ある固有な〔専門〕領域についての認識についての才能であり、他方では、あらゆる知識の統一性と連関性〔を認識できる〕意識としての体系的、哲学的な精神である。人間が教養ある者となるためにはこの両者を身につけねばならない。決定的なものと思えるような才能をもっていても、精神がないならば、自立し〔て学者になるということはあり〕えないし、せいぜい学問的な原理をもっている他の人のために、補助的な役割を果たすことができる程度のことであろう。〔反対に〕なんらか特別な才能の備わっていない体系的な精神は、その研究成果が狭い領域を行ったり来たりするだけである。また〔内容がないので〕最高の普遍的な原理について、堂々巡りの議論を繰り返すだけなのである。このよ

(1) ギルドの形態の一つ。ドイツで、一二、三世紀ごろから結成されはじめた独占的、排他的な手工業者の同職組合。
(2) ドイツの教育制度のひとつであるギムナジウムは「体練場」を意味するギリシア語から生まれた言葉である。

うな人はマイスターになる素質が欠落している。

しかしこのことは、専門的領域についての才能と体系的精神の両方を持ち合わせている人でも、一方では〔前者の〕認識する才能に長けており、他方では〔後者の〕いわゆる学問的な精神に優れているという場合があることを否定するわけではない。そして、この二つのものは、まったく申し分のないレベルで存在しているならそれでよいのだが、一般的にはそうではないので、この二つのものを目覚めさせ、明確に自覚させるために、意図的な働きかけや技巧的な指導が必要となる。学校ではこの両方に働きかけねばならない。学校は、一方で青少年たちのなかに眠っている才能に働きかけるために、基本的には、知識の全体的な内容の概略を教授し、他方で、学問的な統一性と連関性を明瞭に認識できる手段、さらに別の視点から言えば、他のさまざまな知識〔の習得〕のために共通の助けになる手段を提示し、彼らを教え導かねばならないのである。このような課題のために、文法と数学が学校での主要な科目となる。私はこれらこそが学問性〔という言葉〕の響きにふさわしい科目であると言いたい。学校は青少年たちのあらゆる精神的な諸力を規則正しく鍛えることで、学問的な知識を相互に区別し、それぞれに異なった機能を明瞭に識別し、個々人に与えられた対象を適切に取り扱うことができるように教育しなければならない。これらのすべてをできるだけ単純で、より確実な方法によって行なうことが学校の目的である。もっとも、最善の設備、最高の指導者であっても、これらのすべてを同じように成し遂げることはできないこと、多くの場合には、こちらではこのような特徴が、あちらではあのような特徴がというように、それぞれの個性が生まれてくるものだということを知っておかねばならない。それゆえに、個々の教育施設が過度な専門性にとらわれてしまい、危険なほどにただひとつのことに集中してしまうことがないように、つねに全体の働きに目を配らねばならないのであり、それによってますます教育機関が学問の領域の必要性を満たしうる人々を育成することができるように、優れた指導者が必要になる。

それに対してアカデミーでは、学問のマイスターたちが共同体を形成している。すべての学者たちが同じようにこのアカデミーの構成員になりえないのだとしても、その構成員によって学者というものが代表されているべきであり、アカデミーの構成員とその他の教養人の名に相応しい人々の間には堅固で、有機的な関係が存在し、アカデミーの研究成果はこれらすべての知識人たちの共通の業績として見られるべきである。それゆえに、個々の学者たちは、このような団体に属するように努力すべきである。なぜなら、個々の才能や彼らが自ら生み出すものは、他の人々の才能によって補われることなしには学問のためにはなんの貢献にもならないからである。それゆえに、これらの人々は全員で一つの全体を形成する。なぜならこのような人々は認識する事柄への生き生きとした意識や熱情によって、また学問のあらゆる部分が必然的に連関性をもっているという認識によってひとつとされているからである。しかし学者たちは、知識の諸領域について、徹底的に、また効率的に研究してゆくために、より狭い意味での結合を必要とするようになり、アカデミーはさまざまな部門に再び分割されることになる。このような分化がさらに詳細なものとなり、多様化しても、全体の統一が空虚な形態になることもなく、有機的に維持され、個々人がアカデミー全体の発展のためにそれと関わると同時に、個々の専門分野に対して情熱をもち、このアカデミーという舞台で、さまざまな学問の領域の間で緊密な共同体が継続することが可能になればなるほど、全体の姿はますます完全なものとなってゆくのである。

このような理念に基づくアカデミーをドイツはいくつもっている必要があるのだろうか。おそらくそれは一つ、あるいは二つであろうし、一つは北の方に、もう一つは南の方に「設置し」、両者は密接な結びつきをもつべきである。またさまざまな種類の教養ある人々が自発的に集団化しているようなところには、また特別な学問的領域が盛んな場所には、アカデミーの支部会が設置されるべきである。このような団体が、事柄の本質からして期待されているにもかかわらず、なお設置されていないという状況のなかでは、さまざまな教養人たちの共同体は、「アカデミーという塊がバラバラにされたことによってできた」ひとつの破片のようなものであるから、おそらくそれほど遠くない日にアカデミーが設置されるまで、自らの存在を構成員相互の有機的な交わりのもとに保持するという役割を果たさねばならないであろう。

学校とアカデミーの機能は、これらの施設の働きと合致している。学校は公開の試験を行なうが、「それはまるで学生たちの能力の」展示会を開催しているかのようであり、あるいはまた運動競技会のようなものに見える。それによって示されうるのは、せいぜい知識を得るための知的能力がどれだけ鍛えられているかということだけである。文学的な学習成果などはなにも提示されない。おそらく、学問をさらに発展させないようなものは公開する必要はないと思われているのである。そのため学校の管理責任者の〔用意する公開試験の〕プログラムや招待状は、しばしばアンバランス〔な内容〕だとみなされている。このような見方が生じるのは、これらの学習成果の展示が不適切だからであり、学校が第一に要求していることと、世間の要求との間に齟齬があるから生じてしまうのである。〔それゆえに逆説的なことであるが〕世間が要求することがまったく教育されていないということが、学校の優秀性を示すためのもっともよい印となってしまうのである。それとは対照的に、人々はアカデミーに対しては、より偉大で、より包括的であるが、革命的ではなく、個々のまだ十分に探求されていない対象を取り扱い、独自な発見について言及し、新しく開拓された方法について検討するような諸論文を集めた書物を刊行するように求めている。なぜならこのような小さな書物をいくつも刊行することによって、すでにその射程や確実性について評価を得ている学問をさらに発展させることこそ、アカデミーの仕事だと世間は考えているからであり、このような著作がますます増え、それによって共通の認識が増えれば増えるほど、ますますアカデミーの功績が高く評価されることになるのだと世間は考えているからである。また、アカデミーは、なお解決が不十分な課題があるにもかかわらず、アカデミーにその研究のための分野を設置できないとき、あるいは現在、研究の中心になっている部門以外からの協力が必要な研究が求められているようなときには、アカデミーの構成員を除いた人々に対して、その研究のための懸賞論文を募ることになる。これは〔アカデミーの構成員以外に〕学問的な対象と取り組んで優れた業績をあげている人々を見つけ出し、これらの人々にそのときそのときにアカデミーの同志として加わってもらうための努力でもある。

〔さてそれでは〕この二つのもの、すなわち学校とアカデミーの間にある大学とは何であろうか。〔ハインリヒ・シュテファニやユリウス・エバーハルト・ヴィルヘルム・エルンスト・フォン・マッソウのような〕人は、この二つ〔すなわち学校とアカデミー〕であらゆる学問的な機関は構成可能だと考えるし、この間に大学が必要だとは考えていないようである。(3) 私たちの間にもそのような考えをもつ人がいるが、それがドイツ的なセンスだとみなすことはできない。むしろそれは他の国民に支配的な考えである。もしこのような見方が自らの立場として採用されると、大学に似たようなものはみな廃止され、数えきれないような、そしてさまざまな形態の諸学校とアカデミーだけが残されることになる。(4) このように考える人は、明らかに本質的な点を見逃している。諸学校は知識を知識それ自体として教える場所なのであり、認識一般の本質や学問的精神についての考察、何かを発見する能力、また物事を独自に構成する能力については、準備的に取り扱われるだけであって、それらを完全に扱い、教育するということはしない。他方でアカデミーでは、これらのことは各構成員によって自明のことであり、すべては前提とされていなければならない事柄なのである。アカデミーは、その共同体の核心からして、そしてこのような共通する意識（このような意識が明瞭な仕方で提示されていない場合でも、アカデミーという組織それ自体が語っているのである）に基づいて学問を発展させようとする。そして学問はただこのような意識を構成員がみな前提とする場合にだけ、共通の認識をもつものとして展開することができる。それゆえにもしアカデミーが単なる個々人の経験に基づくものになってしまい、学問における共通で普遍の原理ということが信じられなくなってしまうならば、アカデミーの仕事は空虚なものと言わざるをえない。このような原理を、繰り返し相互に意識し合いながらひとつの全体を形成しているのでなければ、学問を共同で発展させるという思想はやはり空虚なものとなってしまう。そして〔アカデミーの〕構成員がこのような原理によってひとつとなれないのであれば、〔アカデミーは〕困難な状態に陥ってしまうのではないだろうか。それゆえにアカデミーの各構成員は、自らの取り組んでいる学問の哲学的な原理について、自分勝手に理解するだけではなく、他の構成員と共通の理解をもたねばならない。それは個々のアカデミー構成員がもつ前提であり、それぞれの専門分野について哲学的な精神

（3）Heinrich Stephani, Grundriß der Staats-Erziehung-Wissenschaft, Weißenfels/Leipzig 1797; Julius Eberhard Wilhelm Ernst von Massow, Ideen zur Verbesserung des öffentlichen Schul- und Erziehungswesens mit besonder Rücksicht auf die Provinz Pommern, in: Annalen des Preußischen Schul- und Kirchenwesens, hg. v. F. Gedike, Bd. 1, Berlin 1800 を参照のこと。

（4）シュライアマハーはここでフランスのことを考えているのであろう。Brief Schleiermachers an Karl Gustav Freiherr von Brinckmann vom 01. 03. 1808 (Aus Schleiermacher's Leben. In Briefen, Bd. 4, hg. von L. Jonas/W. Dilthey, Berlin 1863, S. 149) を参照のこと。

をもって取り扱うことができるということを意味している。学問に共通するこのような精神がそれぞれの学問に固有の才能と結び合わされることによって、個々人は〔アカデミーという〕結合の真の構成員となる。ところで人間にとってこのような精神は寝ている間に身につけられるようなものなのだろうか。学問的な生だけは、生の他の生産的な諸領域とは違って、無から生じるものなのだろうか。また学問的な生だけは、最初の萌芽的な段階での世話を必要としないし、教育なしで済まされるというのであろうか。〔そうではないであろう。〕ここにこそ大学の本質がある。むしろこれらのものを生み出し、そして育て上げることが大学のなすべきことなのである。大学は、知識の基礎の学習を通して、なによりもまず青少年が学問に対する備えをする時期と、十分な力と感覚を行使して自らを養い、知識の領域をより広く展開し、さらにより素晴らしいものへと形成してゆく時期とを橋渡しする。大学はこの移行の過程にこそあり、同時に青少年たちの最初の〔学問的〕発達を見守るのである。青少年たちにとってそれはまったく新しい精神的な生のプロセス以外のなにものでもない。それゆえに大学の使命とは、すでにさまざまな種類の知識を習得している選ばれた青少年たちに学問の理念を自覚させること、知識の領域をこの精神と結びつけて発展できるように指導すること、あらゆることを学問の立場から考察できるようになること、あらゆる個別的なものをそれ自体としてだけではなく、その他のものとの密接な学問的連関をふまえて考察すること、また個別的なものを認識における統一性と全体性との厳密な関係のなかで取り扱えるようになること、そしてそれによって青少年たちがそれぞれの思惟のなかで学問の根本法則を自覚することができるように導くこと、そのことを通してさらに研究すること、探求すること、そして表現することができるように導くことなのである。またここでこそ大学という名前の意味が明らかになる。なぜなら〔大学では〕、他の〔学校の〕ように高度な知識を習得することではなく、あらゆる知識の原理と同じようにその根本的なものを、個々の知識の領域を取り扱うことができるような専門性をともなった方法で直観させることで、認識の全体性を提示することが重要だからである。またここから大学は、他の諸学校よりも短い期間でよいという理由も明らかになる。すなわち〔大学ではもはや〕あらゆることを学ぶことは要求されないからという理由からではなくて、学ぶということを学ぶのはごく短い期間で終えることができるという理由から他の諸学校より短いのである。大学生活というのは、まさに一瞬のことなのである。認識の理念、理性についての高度な意識が、人間のなかにまさに指導的な原理として自覚されるということが起こる一瞬でよいのである。この点から、大学を諸学校から、またアカデミーから区別する固有の性格が引き出される。学校でひとは、個別的〔な知識〕から他〔の個別的な知識〕へとできるだけスムーズに展開させる手段を学ぶことになる。それゆえにそれを学ぶ者が全体的なものを十分に完成させることができたかどうかということにはあまり関心がない。それに対して大学では、それぞれの学問的領域についてのエンチュクロペディー、すなわちその範囲と連関性について了解できていることが求められ、そのことがあらゆる講義の基本とされる。またこのような課題を負う大学の主要な業績というのは、教科書や教授指針〔の刊行〕なのであり、大学の目的というのは、個々の学問を発展させ、豊かにすることではない。それゆえに大学で選ばれる講義の教材は、やさしすぎるものではなく、難しすぎるものでもなく、また特殊なものでもなく、むしろ、高度な視点、体系的な視点、さらには全体性の理念を明瞭に示している内容、そしてまたこの全体性がもつ広い視野や内的な関連性をもっともよく示しているものがふさわしい。そしてアカデミーでは〔大学と違って〕、個々人があらゆる実際の学問の領域において十分な正確さと完全さをもって研究するのであって、そこでは〔大学で扱われることとは〕反対に、純粋哲学、思弁、あらゆる認識の統一性や関連性という問題、あるいは認識の本性と結びついた事柄などは背後へと押しやられてしまうのである。もちろんだからと言って、これらのものが現実の知識にとって無意味なもの、それ自体破棄されるべきもの、あるいは無用の長物というわけではない。たとえそのように思えてしまうとしても、あらゆる個々の知識というものは一般性を前提として成り立っているのであるから、もし思弁的な精神を失ってしまうのであれば、学問的に意味のある成果を生み出す能力も失うことになってしまうであろう。また個々の知識と思弁的な精神は相互に関連しているので、哲学的思惟方法を身につけていないとすれば、学問的に独自な成果を生み出すことはできないであろう。もしある人が驚異的な本能によって、このような方法を身につけることなく、なんらかのことを見出すことができたとしても、実は彼が意識しているかいないかは別にして、彼は理性の思弁的な方向づけに依存しているのであり、驚異的な本能よりも、思弁的な精神においてこそ学問的成果は明らかになるのである。また哲学的思惟方法というのは、個々の学問的な業績のなかで、言語において、方法において、叙述において見出されるものでもある。しかしアカデミーでは哲学はむしろ背後に退くことになる。なぜならひとがアカデミーで、学問を共同性のもとで営もうとするならば、あらゆる純粋に哲学的なものは、もはや自明の共通理解として前提になっていなければならないからである。もちろんこのような自明の前提は今日にいたるまで、まだどこでも完成しているわけではない。もしある民族が哲学的な事柄に実際に真剣に取り組んでいるとしても、ひとつの民族によって、哲学の事柄について、完全に一致し、誰もが満足できるような前提を完成させられるなどということはなく、それは常に発展するものであり、それに近づき、よりよい理解を得ようと努力するものであり続けているといっても決して過言ではないであろう。それにもかかわらずアカデミーが、既存の哲学を主たるものと考え、その他のものは小数点以下の問題であると判断して、その哲学だけを前提とするのは必然的なことである。アカデミーは、ひとつの民族のもとにはただひとつの哲学的な思考方法があるのだということを前提に、思弁的部門をもつ。そしてそのうえで、個々の時代においてさまざまに記述される哲学の同一性を明らかにするとともに、同時代の哲学の相違性をも明らかにすることで、個々の哲学それ自体は、他のさまざまな哲学的な立場との論争や批判にすぎないものであることを明らかにする。さらに既存の哲学を歴史的に、また批判的に取り扱うことで、国民をひとつの哲学へと近づけ、よりよくそれを理解させるようにと努力するのである。それゆえに哲学固有の領域でなされるような新しい道を開拓することはアカデミーで行なうには適当なこととは言えない。それに対して、大学では一般的には哲学の講義こそが根本的なものであることが知られている。大学ではもっとも優れた〔哲学的な〕視点が教えられ、さらにはもっとも個性的な方法でそれがなされるべきである。そのため大学では、個々の哲学は同じように存在している他の哲学との違いを明らかにしなければならないし、各大学の間で哲学的な論争が生じることもある。そこから哲学部が生み出され、形成される。

このように、大学は主要な機能という点からすれば学校やアカデミーとはまったく違った固有の性格をもっているが、外面はこの両者と似ている点を必然的にもつことになる。もちろんその場合、外面を軽視しているというわけではない。なぜならあらゆる内面は外面を必要とするからである。もし類似点がないとしたら、大学は個々人の学問的な人生に奇妙な飛躍を与えることになってしまうし、最高の原理としての学問的精神、あらゆる認識の直接的な統一性が、なにかそれ自体でないものにすりかえられることになってしまうかもしれない。すなわち哲学をなにかまるで怪物や怪獣のようなものにしてしまうのである。超越論的哲学をそのようなものとして教えてはならない。そのような仕方で抽象的に哲学が教えられ、真の知識というのは、その他の事柄とはまったく異なった仕方で与えられるものであると考えられているのだとすれば、それはまったく無意味なことである。(5) 青少年たちのもっともよき時代に、それぞれの専門領域における将来の学問的な生活のために必要な指導を与えるのではなく、人々がごく初歩的な数式を取り扱うことの効用と考えているような頭の体操に役立つ程度の知識を与えるのであれば、それは学問にとってまったく無益なことである。哲学というのは、むしろあらゆる知識に対する生き生きとした影響のなかでこそ示され、具体的な知識という身体とともにその精神は理解されるものである。それゆえに、大学では、もっとも高度な認識が教えられるべきであり、諸学校のカリキュラムでは見出されないような、それとは区別された認識が教授されねばならない。このような意味で大学では〔諸学校で〕学んだことにさらに追加の学習がなされるのであり、大学というのはその意味では学校を出たあとに行く補習学校のようである。同様に大学はアカデミーに入るまえの事前予備学校でもある。哲学的な講義によって、またすでに学んできたことをより高次な視点から改めて見つめ直すことによって、ひとは次第に明らかにされることになる学問的精神が、物事の中心的な事柄からさらに個々の個別的なものの奥深くへといたるようにと訓練されるのである。また、そのために、ひとはあらゆる知識の本質と連関性を識別し、それを正しく用い、また関連づけ、研究する能力が正しく備わっているかを問い、

(5) ここで前提とされているのはヨハン・ゴットリープ・フィヒテとカール・レオンハルト・ラインホールトとの間の論争のことである。そのことをシュライアマハーが意識していることは、シュライアマハーからフリードリヒ・ハンリヒ・ヤコービへの手紙（Der Kirchenfrend für das nördliche Deutschland, hg. von B. Jacobi, A. Lührs, A. W. Möller, Bd. 2, Heft 5, 1837, Sp. 377）からも明らかである。

そのような力を得ることができるように哲学的な講義によって訓練されるのである。これが大学における学問的なゼミナールと実践的な諸制度の役割であり、それらはいずれもまったくアカデミックな性格のものである。それゆえに大学には二つの呼び名があり、大学はしばしば〔一方では〕高位の学校（hoche Schule）と呼ばれ、〔他方で〕アカデミーとも呼ばれるのである。それゆえに、大学はアカデミーに属するので、このような実践的諸機構は必要ないのだ、という主張は誤りである(6)。

これまで見てきたような個々の機関の性格の違いは、それぞれの機関がそれぞれに主要な目的のために努力しているのであるが、本質的には、それぞれに異なった目的をもっているということを示している。事実、もしこれらの機関がきちんと配置され、相互に正しく連関をもっているとすれば、それだけで十分であるし、目的はきちんと果たされるに違いない。しかしもしこの三つの異なった機関が、それぞれの領域や境界線を誤認するならば、その弊害は大きいといわざるをえない。学校が節度をわきまえず、哲学の講義をもてあそぶようなことをし、学校と大学の間には本質的な違いは何も見当たらないと主張するとすれば、それはこのような弊害のひとつの事例であろう。またもしひとが青少年に、精神であり生命であり、それを形として示すことはできない最高位の学問を、個々の文章の情報の集積とみなし、学校で教えるような他の知識と同じように教え、覚えさせようとするのであれば、これほど学校に通う生徒のために、また青少年たちの学問的な人生に対して不適切なことはない。また大学が先回りをしてしまい、そのことによって実際には大学が大学としての役割を果たさずまさに学校の延長のようなものになってしまうことも問題である。なぜなら大学がアカデミーを先取りするような仕方で、学問の専門性へと深く入り込んで、自らの手で完成された教養人を育成しようと、まったくなまぬるい環境のなかでそれをなすならば、普遍的な学問的精神を自覚させ、それを定められた方向に向けて展開するという本来、大学がなすべきことがおろそかになり、なされないままになってしまうからである。また党派精神のとりこになったアカデミーが、思弁的な論争に巻き込まれることも問題である。さらにはアカデミーが堅固な基礎づけをもっていない実用的な知識をあやつり、高みから、熱心に論争する者たちをばかにして眺めていることも問題である。そしてアカデミーが学問的な諸問題をより詳細に取り扱うために〔誰かを会員として新たに選ぶ場合でも〕、その人が思弁的な研究を経験しているのか、あるいはそうでないのか、ということについてはほとんど関心をもたないということも、問題なのである。

　このような誤用はどこから生まれてくるのであろうか。もっとも大きな原因は、おそらく学問のために、そして学問によって存在している諸施設の間に密接な統一性が欠如しているからであろう。これらの学問的な団体のいずれかひとつにだけ所属している人は、他の施設によって、自らがどのような利益を得ているかを忘れて、先入観にとらわれ、他のものを否定し、自

（6）これは匿名で刊行された Soll in Berlin eine Universität seyn? Ein Vorspiel zur küünftigen Untersuchung dieser Frage, Berlin 1808 に対する批判である。

らがすべてであると考えてしまうのである。この種の先入観はあらゆるところで見られる。アカデミーの教養人たちは、学校の教師を不幸な人たちだと考えている。すなわちアカデミーの人々は、学校の教師というのは、その職務のために、厳しい制約のもとに、些細なことをまさにペダンティックに取り扱い、学問の入口に留まっていて、学問の最高の中身を味わうことができない者たちだとさげすんだ目で見下している。またアカデミーの教養人たちは、大学の教員というのは、うぬぼれた性格の悪い学校教師にすぎないと考え、大学の教員は自分たちが提供したものをただ取り扱うだけで、まさに後塵を拝する者たちで、定められた学問に従っているだけなのだから、実際にはアカデミーの従者にすぎないのだと考えてはいないだろうか。それに対して学校の教師は、アカデミー会員たちを、学問という宝を広めるという点では自分たちほどには努力していない給料泥棒のような者たちだと批判し、大学の教員たちについては、プライドばかり高く感謝のたりない人々であり、学校の教師が育てたよい青少年たちを台なしにしてしまっていると批判している。また大学の教員たちは、学校の教師というのは、文字にばかりこだわり、個々の学問に固有の精神には疎い者たちだと批判し、アカデミーというのは、目立ちたがりで、誤った情報によって注目されるようになったにすぎない者たちで、老いぼれとなってしまった教養人たちの相互扶助的な助け合いの機構であると見なしている。しかし、そのようなことはまったくないはずである。古典語学校(7)の有能な校長は、職務執行においてバランス感覚をもたねばならないし、判断の基準として、学問全体に対する見通しをもっていなければならないはずである。校長はそのような人物として、彼が責任をもつ学校でアカデミーのような役割を果たすべきである。校長は、学問を発展させる者のひとりとして、学問的な思慮深さと純粋な観察的精神をもっていなければならない。青少年たちの発達を見極めるということは、個々の講義をすることよりもはるかに難しい課題である。アカデミーの会員たちが孤独な黙想によって、目の前に集計されている学問的な事実を取り扱い、それぞれについての解釈を使いながら、新しい発見を見出してゆくことと、大学の教員たちが、いつも、認識に長けた青少年たちと生活し、さまざまな方法で彼らを励ますこととはまったく違った性格のもので、両者はまったく結びつかないかに思える責務である。しかしもし一方の側が他方の側を何かより価値の少ないものであるかのように見なすということが起こるとすれば、それは、両者の相互連関をまったく見失った、誤った行為である。優れた教養人がそのようなことをするはずがない。物静かで、生真面目な研究者でも、その人にとって、新しい何かを発見するという最高に幸福を感じる瞬間があり、それは新しい生命力に満ちた全体を経験する瞬間であるが、そのときには研究者は、情熱をこめて、また霊的な喜びをもってそのことを誰かに伝達したいと考え、青少年のような精神で自らを表現するに違いない。また自立した大学教授は、その人の学

(7) ここでは die gelehrte Schule を「学者学校」あるいは「教養学校」とは訳さずに、これまでの日本語訳に従って「古典語学校」と訳することにした。実際この学校で教えられるのはギリシア語やラテン語などの古典語が主だったからである。

問的歩みにおいてさまざまな援助や支援を得ていると感じている研究者の団体であるアカデミーの偉大で価値のある研究と結びつくような課題と、自分もぜひとも取り組みたいという情熱をもつことなしには、その人の担当する講座への責任を正しくはたすことはできないであろう。このような根源的で相互的な価値の共有をすべての人がもつためには、公共的な教育施設の間により緊密な共同関係が形成されねばならない。すぐれた学校の教師、大学の教員、そしてアカデミーの会員が協力し、それらの人が学問的な営みのための頂点に置かれることによって、学問に関するあらゆる事柄についての真の共同意志が、すべての知識人へと広げられてゆくべきなのである。

そのようなことはこれまでなされてはいないのか、とひとは問うかもしれない。また国家はこれらの諸段階の知識人による協議の場をもうけ、公共の〔教育機関における〕講義や授業に関する事柄について審議させることはなかったのであろうか。その通りなのである。しかし国家は、これらの人々を国家への奉職者として、他の職業の人々と同じように集めて、学者たちにとっては慣れない形態なのであるが、すべてのことを国家との結びつきという視点から取り扱ってはいるのである。しかしそこから引き出されるのは行政機関との関係であって、教育とはまったく違った視点である。このような官僚化した知識人たちが、国家との関係に比重を置けば置くほど、必然的に、国家との関係を学問的な活動に固有な領域へと持ち込むことになり、国家からの直接的な影響のもとにすべてのことを評価し、取り扱おうとするようになる。しかし私たちが経験から学んでいる通り、それは精神的なものの改善にはまったく役には立たない。政府が、学問に対しても奨励や働きかけを行ない、芸術や技巧の分野で一般的にも行なわれているように、その普及拡大のための機関をもうけることは、新しいヨーロッパの教育全体のためには必要なことである。しかし他の場合と同様に、このような後見人的なやり方を終える時が来なければならないはずである。そしてドイツにおいてもそのような時が来ているのではないだろうか。少なくともプロテスタントの領域では、国家は学問をそれ自体に託し、学問的諸機関の内部行政はすべて知識人たちに委託し、〔国家としては〕ただ財政面での管理、警察的な行政、これらの諸機関が国家に対してどの程度の奉仕ができるのかということだけを監視していればよいのではないだろうか。研究活動に対して、政府の間接的な影響のみを求めてきたアカデミーの会員は、比較的自由を得ており、よい環境を手にしてもいた。しかし国家は、学校や大学については、学問のための学問をするのではなく、国家のために学問をする機関と見なし、そこでなされる学問が要求する法則による本質的な努力を誤解し、妨害してきたのである。国家は、学校や大学を自由にさせるならば、人生に対しても、またその適応においても意味のない、役に立たない教えや授業が支配し、純粋に知識だけを求める人々が増え、具体的な実践へと向かう意欲は失われ、誰も市民的な職務に就こうとしなくなってしまうに違いないと考えているのである。このような理由から国家は問題をいつもたいへん都合のよいように取り扱ってきた。確かに、何人かの哲学者たちは、学生たちの心をつかむ術を得ており、彼らの講義が、青少年たちが市民的な職務につくことをためらわせていることも事実である。しかしそれが理由のすべてであるというわけではない。そのような一時的な刺激が永続的な影響をもたらすとは考えにくい。このようなことは以前から指摘されてきた。しかし以前から青少年たちは、聖なる賢者たちの学校を出で立つと、人間を支配することを手伝うために、裁判所や官庁へと変わらずに向かっているではないか。考え込むタイプの人間と、行動的なタイプの人間は、互いに正反対のことを言い合うが、互いに手をとりあって行動するものである。〔ことほどさように〕ただ学問に身を捧げている者と、そうでない者とは、自然がその割合を、正しく、適正に決めてくれているのである。学校や大学を修了する者たちのたいへんな人数と、最終的にアカデミーの会員となる者の数を比べてみるがよい。そしてこのアカデミーのほとんどの会員が有力な国家への奉職者なのである。それゆえに国家は満足であろうし、国家がこれらの諸機関に国家として与えてきたさまざまな援助や便宜と、政治的な才能をもった者たちが権力を行使してこれらの諸機関を支配してきたこととを比較するなら、国家は決して損をしてはいないことに気がつくはずである。それにもかかわらず国家が誤解し、心配し、学問の発展と取り組む知識人たちまで誤った仕方で用いるようになると、学校は非本来的なものとなり、大学では、主要な事柄よりも雑事が肥大し、アカデミーでは、〔国家が〕直接的に有用とされていることばかりを取り扱うことで、品のないものとなってしまう。さらに国家は、学問がその成果を国家的な利益のために還元してくれるまでにはたいへんな時間がかかることを知り、それを待てずに、あきらめてしまうことになる。国家はこうして偉大なものを受け止め、それを具現化することができなくなるし、国家のなすさまざまな過ちの起源やそれらの相互連関についてきちんと分析することができなくなってしまう。

3　大学一般についてのより詳細な考察

大学を、学校やアカデミーと比較することは、私たちにそれぞれの機関の本質的な特徴を示すこととなった。大学は青少年に学問的な精神を自覚させ、それを明確な意識へともたらすものである。それゆえに大学でなさねばならないこととは、形式的な思弁だけでは十分ではなく、その思弁を現実の知識によって具体化することである。それはもはや誰の目にも明らかである。大学では、体を鍛える練習をする諸学校の場合とは異なって、そこで教えられる知識の選択はなんでもよいというわけにはゆかない。学問的な精神というのは、その本質からして体系的なので、ひとつひとつの個別的な知識だけでは明瞭にそれを自覚することはできないのであり、少なくとも知識の全体的領域について、もっとも基本的なところを直観できるということが必要になる。個々の知識だけでは、事柄の普遍的な意味と個々人の特別な才能をひとつに結びつける個性的で、知的な人生を形成することはできない。また大学が学生の才能を覚醒するようなもののすべてをそれぞれの学生に個別に提示することなどはできるはずがない。それゆえに大学はあらゆる知識をまさに包括する必要がある。その場合、個々の部門を重視しつつ、個々の知識の全体との本質的、内的連関性、さらにはすべての知識に共通する中心的なものとの関連のなかで知識全体を明らかにする必要がある。しかし、ある国民の才能が特別な事柄に顕著に見出される場合には、それを重視すべきであり、その点については原則に反するとしても、例外として認めるべきであろう。もっともこのような例外的な扱いは、大学の教育段階のなかでも、アカデミーへと近づく段階で示されるべきであろう。

もし大学が、その他からの影響を受けることなしに、単に学問的な熱情によってだけ方向づけられ、運営されるというのであれば、これまで述べてきたようなものとして存在しうるのかもしれない。しかし私たちが今日の大学を見るならば、そこにまったく違ったものを見出すことになる。学問的には、きわめて逸脱しており、意味のないものに大きな領域が確保されていたり、まったく関係性がないと思われるものが統合されていたり、逆にもっとも重要なものが軽視されて、あたかも新入りであるかのように取り扱われ、多くの領域では、学問的な精神をもった、その領域にふさわしい人を見出すことができず、むしろまったく無関係な人たちがそこにとどまっているありさまである。

学問的な精神は、適切なレヴェルの知識をもち、このような知識に熱心である人であれば誰でももちうるというわけではない。それゆえに古典語学校ではすでに、素質のあるすぐれた少年を選んで入学させ、さらに選ばれた者だけを大学へと送り出す。しかし古典語学校は学問的な精神のまだ前段階なのである。この段階では特定のものの考え方が明らかになっているわけではなく、その人の学問的な能力を正確に判断し、決定することができない。学校は、その人が教えられる知識を喜んで、また適切に身につけているかどうか、また学問的な事柄への情熱が生み出されつつあるかどうか、ということで判断せざるをえない。しかしこれは危うい判断である。その判断の確かさを、外的な形で証明することはたいへん難しい。驚くほどの熱情、そして喜びや愛情をもって学問をしている者が、いかに無意識のうちに動物的な衝動を働かせているだけのただのもの知りにすぎず、学問的な精神も才能などもまったくもっていない人であるということにしばしば出くわすものである。人間はまさにここぞというときには、実力があるかのように装って、自分自身を粉飾して見せるものである。それゆえにもし学校がこの判断を規則にしたがってあまりにも厳しくすると、多くの、のちに発達する可能性をもつ者たちは、教育を受けることができなくなってしまう。しかし大学は、より高次な意味での学問には不適切な個々の学生が大学にすでに来てしまっているということ、またこのような学生が多数を占めるようになってしまうことは仕方のないことだと考えている。なぜなら、あまりにも厳しく判断することで、偉大で決定的な才能をもった学生が、大学での教育を受けないということが起こるのであれば、それは重大な失策だからである。学生のなかには大器晩成型の学生もいるであろうから、その点では学問には不適切な学生をできるだけ多く抱えていることのほうが大学としては被害が少ないともいえる。それゆえに、学校において、あるいは学校の修了にあたって、もっとも高度な学問的な教育を受ける者と、それよりも程度の低い段階の教育を受けるのがふさわしい者とに分けてしまい、大学でより高度な教育を受けるのではない者には、大学での哲学的な導入教育を行なうことなしに、それぞれ特別な専門領域の知識を、より手工業に適した仕方で、あるいはより伝統的な教授方法で授けるような制度をつくろうと考える人があるようだが、そのような考えは、青少年への教育を熱心に考えている人々にとっては、まったくもって悲しい、戦慄するような考えなのである。今日の課題は、学問についての貴族主義を弱めようとするのではなく、むしろ育成し、さらに拡大することではないだろうか。〔しかし、このような選別をするということは、〕古典語学校で成績のふるわない青少年に、彼が自分自身のことを自分で認識するのがまだできない段階であるにもかかわらず、自らを卑しめる判断をさせ、それどころかその人に学問という宝に向かって行くことを自ら放棄させるように指導することなのだろうか。このような人々は、完全に無視され、排除されるべき者たちなのであろうか。そうではないのだ。優れた頭脳をもった学生、劣った頭脳の学生も、まず一緒に、本当の学問的な人生を見出すために大学で教育され、そのうえで決定がなされるべきである。その後、この目的に躓いたならば、それらの人々は主として自ら、より低い段階で、誠実かつ有能な働きをなすものとなるはずである。学問的な団体は、このような人々を実は必要としている。なぜなら、少数の真に指導的な教育を受けた精神は、多くの機関〔やそこで働く人々〕を動かすことができるからである。それゆえに大学は、自らもっている才能が、もし学問のもっとも優れた権威それ自体に値いしないと判断される学生の場合でも、学問のためによく用いられうる人々をより広く育成するために、いわば最上級学校としての機能を同時に果たさなければならない。そしてそのことは大学の本来的なものから区別された特別な機構とみなされるべきではない。両方のクラスは外面上の区別をすべきではなく、学業を終えたあとの具体的な仕事によってはじめて区別されるべきである。むしろ国家はこのような第二のクラスのような頭脳をより多く必要としている。国家は、個々の専門領域における上位の職位には学問的な精神を完全に身につけている人々に、アカデミーの仕事を委託するが、それだけではなく、このような高等な精神はないが、学問的な教養をもち、しかも知識の量においても問題のない、下位に位置づけられる才能をもった大部分の人々を受け入れることによって生じる利益をよく理解している。それゆえに国家は、大学が特別な最上級学校として、国家への奉仕のために必要となる学問に固有な教養をまず大学で教えるべきだと主張する。そして大学と最上級学校との外的な区別は、本質的な事柄を十分にふまえられていれば必要はないと考える。

これまでのことはすべてよいことであり、最後のことも、純粋な学問的な機関を悪用、否定することだとまでは言えない。むしろそれはよいことである。なぜなら教養をもった多くの人々は、少なくとも真の認識というものを、それぞれの可能性に従って知ることができるようになるからである。またそのような人たちは、少なくとも知識は感情に依存しているのではなく、高度な学問的努力によって集積されたものであることを理解するし、国家に奉仕する教育機関が、純粋に学問的な機関との結びつきをもつことで、より改良され、それ自身がより生き生きとしたものになってゆくことができるからである。これこそが長い時間をかけて形成された、まさにドイツの大学の本質なのである。しかし政府が、あちらこちらで、このような大学の政治的な側面を、主要な事柄と見なしはじめたので、本来的で、学問的なことがいずれにおいても後退せざるをえなくなってしまった。これはたいへん有害な誤解だといわざるをえない。またもし政府が大学の形態をまったく改造してしまい、「フランスに見られるような」総合教育機関と同じように、国家に奉仕するためのさまざまな専門領域のための学校のひとつにしてしまうというのであれば、それは国家が最高の教育の価値を誤認しているのであり、単なる機械主義へと学生の人生をゆがめることにならざるをえない。まさに、国家があらゆる認識を育成する学校の中核としての大学を破壊してしまい、大学での学問的な努力を孤立化させ、学問的な研究の有機的な関係さえも切断してしまおうとするならば、それは、もっとも高度で自由な教育、またあらゆる学問的な精神による批判の粛清であり、そこから生じる当然の帰結は、手工業的な本質の復活であり、あらゆる専門分野での研究を著しく衰退させることになるだろう。大学を改造あるいは破壊し、特別な専門的な学校にしようという試みは、浅薄な試みであり、そのような行為はドイツ的ではない精神によってとらえられてしまったことの帰結である。(1)このように大学の形態が衰退してゆき、政府がそれを排除したわけではないのに、真の大学が立ち行かなくなり、大学ではなく、諸学校だけしか存在しないような国では、学問は明らかに後退し、学問の精神は休眠状態にならざるをえないであろう(2)。

国家が大学に対して学問を適正に行ないえなくなるような影響力を行使しない限りは、大学がどのような講義を行なわねばならないかは、ごく一般的に考えて自明なことである。もっとも一般的な課目がすべての者たちに、共通に、そのはじまりに同時に提供され、その後個々人がその固有の才能、そして相性や、その人が近い将来選びうる仕事を意識するようになったあとではじめて、それぞれの特別な領域へと分かれるのである。すなわち、大学での講義は、哲学から、とりわけ純粋な思弁から始まる。学校から大学へと橋をかけるものとしての事前準備的なものから開始されるのである。大学の存在意義が明らかになり、そして大学の使命が具体化されるために、思弁という空虚な形式によって青少年たちを満足させようとするのではなく、理性とその機能を直接的に直観させることで、あらゆる現実的な知識の必然性とその射程を示

(1) ナポレオンの支配の影響を批判している。

(2) これらの立場は、既に前節でシュライアマハーによって批判されているハインリヒ・シュテファニーやユリウス・エバーハルト・ヴィルヘルム・エルンスト・フォン・マッソウの立場を具体的には指している。Vgl. Stephani, Grundriß der Staats-Erziehungs-Wissenschaft, S. 88, 148-150; Massow, Ideen zur Verbesserung des öffentlichen Schul- und Erziehungswesens, S. 126f., 252f.; Johan Jacob Engel, Denkschaft über Begründung einer großen Lehranstalt in Berlin, in: R. Köpke, Die Gründung der königlichen Friedrich-Wilhelm-Universität zu Berlin. Nebst Anhängen über die Geschichte der Institute und den Personalbestand, Berlin 1860, 147-153.

し、まずそのはじめに、理性と経験との間に、また思弁と体験の間によく言われるような対立はないことを明らかにし、真の知識へといたることを可能にするだけではなく、同時にいくらかでも学問の本質を把握できるようにすべきである。ここでさまざまな哲学的な体系の価値が決定される必要はない。しかしもし、哲学的な講義といま述べたような訓練との結びつきがないなら、哲学の講義は、なにか論理的な法則についての知識、概念や形式を理解するための装置の意義や概要を知るためだけのものになってしまう。それゆえにまず、哲学を通して、自然と歴史という二つの大きな領域についての視野を与えるべきである。少なくとも両方の領域におけるもっとも一般的な知識については、すべての学生に提供されるべきである。知識のあらゆる表現は言語によって明らかにされ、知識の形式も言語によって示されるという点ではより高次の言語学が、また人間の存在と行動のあらゆる本質が取り扱われる倫理学が、自然についての教育を特別に受けようとしているすべての学生に対しても一般的な理念として教えられねばならない。また自然の一般的なプロセス、本質的な形態、有機的なものと無機的なものの領域の対立と関係など、自然についての理念にまったく無関心のままで学者としての人生をおくることなどはできない。それゆえに、数学、地理学、自然についての基礎知識、自然史の本質についてはすべての学生が履修すべきである。しかしそれ以上の特別な領域になればなるほど、すなわち歴史学、国家学、教育学、地質学、生理学は、その領域に関心をもつ個々の学生に限定して履修させるべきである。このような専門化を行なうために、国家は、政治教育や宗教教育、市民の生理学的な事柄や健康に携わる者たちの育成のための過程として特別な研究所を設置している。しかしこのような研究所が大学とまったく無関係なものとなり、廃退し、異常な形態とならないためには、自ら大学に依存した研究所であることを明らかにし、自然や歴史についての学問的な研究、少なくとも哲学を取り扱うようにならなければならない。

これらの講義は哲学的な真の知識を得ていない多くの人々によってなされているので、全体の統一性という側面が破壊されるという外的な問題が生じている。しかし可能な限りそのような事態は回避すべきである。なぜなら、あらゆる講義は、大学の固有の性格に忠実であるためには、事柄の学問的な取扱いに注目すべきだからである。講義における個々の構成、組合せや表現方法の試行錯誤というのは、単なるデコレーションのようなものであり、理解のための手がかりであり、純粋に材料という価値をもっているにすぎないのである。教授法も多少の違いがあったとしても、どこでも同一のものであるべきである。

大学での講義法の意義を理解している人はたいへん少ない。しかし驚くべきことに、教師の大部分の者たちはたいへんお粗末な仕方で、講義を続けている。このような事態になっていることは、講義法が大学の本質に属しているということが理解されず、講義法を正しく継承し、それを取り扱いうる者がごく少数になってしまっていることからも明らかである。大学の教師としての真に固有の価値というのは、この教授法にその人がどれほど習熟しているかということと深く関係している。

宗教的なものと同じように、学問的なあらゆる意識は、ただ人生のなかで、あるいは多くの人々との交流のなかでのみ、形成され、そして完成される。よりすぐれた教養をもつ人々、より〔学問の〕完成された人々から生み出されるものを通して、学生たちは刺激をうけ、そして自らのなかに眠っていたものが新たに目覚めさせられる。さらにそれは学生の間で相互に切磋琢磨することによって、より強度なものになってゆく。大学とは、その全体がこのような学問的共同生活なのであり、講義はそのようななかでも特に聖なる行為である。こう考えるべきであろう。古代の人々の間では、対話という驚嘆すべき方法によってこの種のことがなされてきたが、現代においても〔対話に〕同じ働きが期待できるに違いない。対話は眠った生命を働かせ、最初の動きを呼び起こすために最善のものである。対話は二人の間でも、多くの人のなかから選び出された代表的な人とその他の人ということでも成立するし、このような方法でなされている優れた対話による業績を通して、まったく一人で、対話を追体験することもできる。ところが今日、多くの講義で、このようなことはほとんど期待されていない。というのも、支配的なのは新しい試みばかりであって、学問的領域の授業形態として対話は用いられていないどころか、講義では〔対話ではなく、一方通行の〕連続講義がなされている。その理由も明らかである。私たちの時代の教養が、古い時代の教養よりもより個人的なものになってしまい、対話もたいへん個性的なものになってしまい、その講義に参加している人のすべてを代表するようなひとりの人がいて、対話するというような形態が難しくなってしまい、対話が、多くの場合、あまりにも表面的なもの、あるいは混乱したもの、あるいは大変わずらわしいものになってしまったからである。しかし大学の講義方法では、なによりもまず学生たちが理念を自覚しなければならないのであるから、たとえ形式的であったとしても、古代の対話の本質を生かしたものにすべきである。講義においては、一方で、聴講者たちに共通の内的なもの、すなわち人々がもっていないもの、あるいは無意識にもっているものを自覚させるとともに、他方で教師の内的なもの、すなわち教師がもっている理念や教師のなかで働いている理念について、正しく、明らかに示してやるべきである。それゆえに対話による講義には二つの要素が必要であり、それが講義の本質でもある。そのひとつを私は大衆向きの要素と名づけたい。それは聴講者の現に置かれている状態を表現してみせるということである。それによって、人々の要求が満たされず、無を経験していることの究極的な理由が、実は無知に基づくのだということに気づかせるのである。これこそが真の弁証法である。それが対話的であればあるほど、より大衆向けのものになる。もうひとつを私は生産的な要素と名づけたい。なぜなら教師は、彼が語るすべてのことを、聴講者の前で現実に生み出してみせるべきだからである。すなわち教師は自らが知っていることを物語らねばならないだけではなく、自らの認識、そして自らがそれを認識する行為それ自体を、人々の前で再現してみせることで、聴講者たちがただ知識を集積することではなく、人々に認識の産出における理性の働きを直観させ、その直観したことを追体験させるのである。講義においてこのような方法が直接使えるのは、明らかに哲学、すなわち思弁的である哲学の仕事であるが、大学におけるあらゆる教育活動は本来すべてこのようなものであるべきだし、これはまさに大学の教師に固有の方法なのである。そこでは二つの美徳がひとつにされていなければならない。すなわちそのひとつは、生き生きとしていることと情熱的であるということである。教師による〔知の〕現在化は単純な演技であってはならず、真実なものでなければならない。そのようにして教師が自らの知識をその起源に、またその存在と成立にまで遡って考察しようとするならば、また教師が学問の中心からその周囲へと向かう道筋をきちんと説明しようとするならば、そのとき教師は自らが実際にそれをやってみせて、きちんと具現化してみせなければならない。学問の真のマイスターというのはそのようなものにほかならない。教師が新しい構想をもち、新しい発見をめざすのであれば、ただ同じ講義が繰り返されるなどということはありえない。教師は教えながら、いつも学ばねばならないし、常に生き生きとして、真実の探求者として聴講者の前に立たねばならない。同様に教師には、身につける〔もうひとつの〕美徳として、正確さと明瞭さとが求められている。教師には情熱が生み出したものを理解し、育てるために、また新人たちと一緒に生きているのだ、という意識を常にもつために、自分自身にではなく、それらの人々のために語っているべきであり、また自らの理念や構想を人々に理解させ、知識それ自体を不明瞭な取り扱いではなく、明解に説明できるようにしなければならない。もし教師がこのような美徳をまったく欠いているというのであれば、その人は大学の教師として期待され、要求される真の成果を得ることはできないであろう。もしある教師がひとつの面については優れているが、もうひとつの面については人間として困難であるというのであれば、他の人がそれを補うべきである。もしそうであるなら、そのような組織は健全である。これらの講義のための二つの美徳が、真に重要なことなのであって、講義はただ文献を羅列することではない。それは初心者たちにはなんの助けにもならないし、それは口頭でなすべきことではなく、文書にしておけば済むことである。ここから本当の意味での明瞭さが生まれる。それは倦むことなく同じ講義を繰り返すことではないし、お手軽で軽薄、軽少なことを語ることでもないのである。ここから講義の真の生き生きとしたものが生じるのであって、それは、似たような意味のない事例をいくつも提示したり、それがよい場合であっても悪い場合であっても、他の人への誹謗であったり、些細なことについての思いつきを述べたりすることから生まれるものではない。教授たちの教えたことが、ことわざのように語られていることはまさに驚くべきことである。このような教えが多ければ多いほど、満足感が高いのだという人もいるが、講義のための技術がないならそれらは無用の長物である。講義のための技術を教師が学生に対して適用できるのであれば、教師が彼の学問領域についていくつかのことを知らないということがあったとしても、問題は起こらないであろうし、それどころか、学生たちはその教師が学問を十分に熟知していることを理解しうるに違いない。若い大学の教師が学問的なことをさらに蓄えてゆくことについては常に期待されていることであるが、聴講者ともっとも年齢が近いような頃に、講義のためにこのような才能を身につけねばならないのだとしたら、それはたいへん難しいことである。しかしそれにもかかわらず、その時期にこそ〔講義の技術の習得は〕なさねばならないのである。なぜならあとになってからそれを得ることはおそらく困難なことだからである。あらゆる学問的な営みが、真の講義方法によらず、誤った形態、空虚な形式で行なわれているとしたら、どうすればよいのであろう。これほど困ったことはない。ある教授が、いつでも同じように、かつて書かれたノートをくりかえし読み上げ、そしてそれを筆記させているのは、まだ印刷機がなかったので、学者の多くが手書きの原稿を大勢の聴衆の前で読み上げていた、あの不便極まりない時代を想起させる。そこでは口頭での講義が本と同じような役割を果たさねばならなかったのである。しかし誰でもこんなふうに考えるのではないだろうか。なぜ国家はわざわざこの個人のために、給料を払い、印刷技術がもたらした成果を否定するような勝手な行動を許しておくのか。またなぜ常識的な方法によって、自分のすでに完成している考えを書きつらねたものを印刷し、それを買ってもらうことはせずに、多くの人に無駄な努力をさせるのであろうか。その理由は、その人の業績や研究内容を、生き生きとした形式で人々の驚くような印刷物によって示すことが、おそらくできないからであり、そんなことをしても笑いものになるだけだからである。

しかしもし講義にこのような性格をもたせようとするならば、個々の講義では、教師が学生に対してただ一方通行であってはならない。そのことは教師の側の頑固な引きこもり状態、講義以外でも学ぼうとする青少年たちに何もできないでいる無能性、すでにしばしば耳にする講義の低落と関係している。もし教師が、聴講者の認識能力と彼らの利益とを結びつけてその効果をあげられるとすれば、また教師の役目が聴講者を道に迷わせないということであるならば、また教師が聴講者の間に支配する解釈力の欠如を理解して、そのなかに入って働くことを喜びとすべきであるならば、教師は常に入れ替わる世代との間で必要とされるコミュニケーションが保持されるように、聴講者との間に従来とはまったく異なった方法や段階による共同の生活を生み出してゆくべきである。このような数の学生が教室にいたら不可能だなどと言ってはならない。講義によって、少数の者たちが、対話、復誦、試験、また学生が個別に行なった学習の発表、本質的な対話がなされる教師と聴講者による個人的な交流へと導かれるようになればなるほど、教師と聴講者の間にますます親密な関係が生まれ、それによって教師が聴講者の信頼を得ることができるのだとすれば、そのなかから、知識についてもっとも優秀で教養をもった青少年が語り出すことで、思ってもみなかった方法で、大衆をとらえることができ、知識をもたらすことが可能になるはずである。教師がこのような関係と結びつきを用いるとき、彼自身は、聴講者との対話でいつでも正しく的を射ぬいていた古代人の自信と、個人的な教養をすでに個々人が萌芽的な仕方で、あるいは独自な仕方で身につけているということを前提としたうえで、近代人の上品な謙遜さとを結びつけることができる。

教師の伝達の能力には相違がみられる。一方の人は偽物の知識を見破り、真の学問の必要性を強調することに優れているし、他方の人は真の学問の根本的な性格を直観的に示すことに優れている。一方の人は多くの人々を感動させることで学問に尊厳性を与えることに優れている し、他の人は、慎重さによって、学問を着実に植えつけてゆくことに優れている。一方の人は、個々のもの、またさまざまなものをただ取り扱っているように見えても、本当はたいへん意味深く、たいへん高度な統一性に基づく考察を行なうことに優れており、他方の人は、もっとも普遍的でもっとも高度なものを扱っているように見えても、個々のものに重点をおく才能に優れている。しかしいずれの場合でもこれらが健全な仕方で教師によって担われているのであれば、それぞれの違いは克服され、必要なものは満たされている。すべての違いをひとつに包括し、個々の学生がそれぞれの状況において、またそれぞれの研究の進展に応じて本当に必要とする教師を見出すことができるということこそが、大学が大学であるということなのである。

どれほど努力しても、あらゆる必要に十分に応え、完全にバランスのとれた人事を行なうことなど、ひとつの組織でなしえることではない。それぞれの大学は、そのときどきの事情によってどちらかに偏ってしまう。一方の大学は、学問的な精神を生き生きと自覚させることには優れているが、多くの専門領域において、個々の領域を徹底的に取り扱うということにおいては他方の大学よりも劣っているということがあるし、前者と後者とが逆になっている場合もある。一方の大学は純粋に哲学的な視点から見て優れているが、他方の大学はアカデミーの準備段階の学校として、あるいは特別な専門領域の学者の集まりとして優れているということもある。一方の大学は、大学生たちが率先して学び、教師たちと学生たちの自由で、高貴なコンビネーションが重んじられているが、他方の大学では、そのようなところにまで学生を導くことに重点が置かれており、事柄それ自体を熱心に学ぶことは学生たちに委ねられている。また以前からある大学は、しばしば、より思弁的な頭脳をもったものたちを教育するので、現実的な諸学問についてなら他の場所で試みて欲しいと主張しているし、他方の大学では、高度な学問的精神を発展させるためには決定的な才能をもっていなければならないが、そのような学生はめったにいないので、ここでは平凡な人々を長い間教育してきたというのであるが、これらはある一面に偏ってしまった極端な実例であり、もしこのような大学であれば、どちらも存在しない方がましである。このことが意味しているのは、ひとつの領域に同じ国民教育のための複数の大学があるような場合には、可能なかぎりに自由に交流し、それぞれの必要に応えて無制限の相互利用が必要だということである。このことが本質的な問題で、いかに真理であるかは、大学が古典語学校とアカデミーとの間に位置していることから明らかである。ドイツという国家がこれまでのように三八もの大学を設置してしまったということが明らかに不幸なことであり、優れた大学教員が少ないことの原因もそこにある。しかしいかにして適切な数というものは決められるのであろうか。まず古典語学校の適切な校数を決定することである。次に、個々の諸地方がそれぞれに「大学を」特別にもつようなことをするのではなく、ドイツという一致した精神を考えるべきであり、事柄それ自体に任せるべきで、あまりにも人為的であったり、軽々しく屍をよみがえらせたりしなければ、自然と適切な数に落ち着くであろう。ドイツの中心的な大学を創設しようとか、古い形態の大学をまったく取り除いてしまおうという考えをもつならば、それよりはここにある多すぎる大学をそのまま残しておく方がまだましである。(3) ドイツに中央大学を創設することも、古い形態の大学をすべて破壊してしまうことも、これまでドイツ人が経験してきたこと以上に、さらなる不幸なものをもたらすだけである。

(3) ここでシュライアマハーが批判している大学設置の考えは前者はJohann Benjamin Erhard, Über die Einrichtung und den Zweck der höhern Lehranstalten, Berlin 1802、後者はFriedrich Benedict Weber, Versuch über die Errichtung und Einrichtung der Universitäten, aus der Zweyten Abteilung des Handbuches der Staatswissenschaft besonders abgedruckt, Berlin 1805とFriedrich August Wolf, Ideen, Vorschläge und nähere Bestimmungen der ersteren, in: R. Köpke, Die Gründung der königlichen Friedrich-Wilhelms-Universität zu Berlin. Nebst Anhängen über die Geschichte der Institute und den Personalbestand, Neudruck der Ausgabe Berlin 1860, Aalen 1981, S. 168-180のことである。

4　諸学部について

すでに多くの人々によって、私たちの大学がもつ四つの諸学部、すなわち神学部、法学部、医学部、哲学部という構成の上に、さらに新しい学部を追加するなら、大学はまったくグロテスクな様相を呈するようになるだろうと言われてきた。[1] もちろんそれが不毛な努力であることは明らかである。それゆえに、現在の大学を巨大過ぎると考え、解体し、よりよいものへ導こうとして組織を入れ替え、より意味あるものへと改造したいのなら、自然とこのような形にできあがり、これまでも長く続いてきたものの代わりに、まったく技巧的なものを持ち込むので

(1) シュライアマハーはここで次のようなこの時代の議論を念頭においているのであろう。Johann Benjamin Erhard, Über die Einrichtung und den Zweck der höhern Lehranstalten, Berlin 1802, S. 217-235; Friedrich Benedict Weber, Versuch über die Errichtung der Universitäten, aus der Zweyten Abtheilung des Handbuches der Staatswirtschaft besonders abgedruckt, Berlin 1805, S. 29-31; Friedrich August Wolf, a. a. O., S. 168-180.

はなく、まず既存の形態を正しく理解することからはじめるべきである。

これまで述べてきたことのなかに、すでにこの問題を理解するためのヒントも与えられている。従来の大学の形態は、それがいかにいびつなものであっても、少なくとも大学としての形態をもっともよく現わしており、諸大学の来歴と現実にもっとも適応しているものであることを誰も否定できないであろう。まず学問的な共同体としてつくられた本来の大学には、まさに、哲学部が置かれている。それに対して他の三つの学部は、専門の学校であって、それは国家によって設置されたもの、あるいは少なくとも国家がその本質的な必要性のために、早い段階から国家の保護のもとにおいてきたものである。それとは逆に、哲学部は、元来民間的な施設であった。学問的な団体が一般的にそうであるように、それは民間の法人なのであり、内的必然性によって、あるいはそれぞれの学部に責任をもつ者たちの純粋に学問的な意志によって、ただ副次的なものとして生み出されたものであって、哲学部はすべての学部のうちで最後に生まれた学部である。このような全体像のなかに、大学の歴史の本来的な姿が写しだされている。これらの実定的な諸学部は、欠かすことのできない実践を、理論によって、あるいはまた知識の伝統によって、確かで堅固なものにするために発生した。法学部は直接的には、国家形成という具体的必要性から、あるいはまた法律の制定は文化の発展と比例していなかったので、そのことによって生じた無政府状態から法的で、正しい状態へと国家を導くために設置された。完全で、相互に矛盾のない法の体系を制定しようと試みることによって、また高度な諸原理をもつことで、両義的な事態において法が決断できるような状況を望んだのである。神学部は教会によって形成されてきた。それは先人たちの諸教説を保持し、すでに古くから行なわれてきた真実と誤りとを識別する基準が将来においても失われないように、また諸教説と教会のさらなる発展のために、そして歴史的な基盤、確かに定められた方向性、共通の精神を獲得するために設立された。そして国家は教会とたいへん密接に関係していたので、神学部も公認し、それを保護するようになった。医学校はたいへん古い時代に、一方で身体の状態を知り、それを改善する必要性から、他方で他のすべての自然と人間の身体には内的な関係があるのではないかというきわめて曖昧で、漠然とした、秘儀的な予感に基づいて発生した。それゆえに医学校ははじめから一方で体育訓練的であり、他方で魔術的で、神秘的である。これらの二つがひとつにされることによって、医学は次第により技巧的な性格のものになってゆき、自然科学のさまざまな分野のように、観察と実験に依存するようになった。そのため医学校は莫大な外的助成を必要とするようになり、国家はこの学部をやはり引き取ることになったのである。このようにして各学部の組織は生み出された。誤った意識を常に克服しようとする、深く正しい意識が、それの営みが単純な手作業や経験知へと堕ちてゆくことを克服してきた。そして私たちドイツ国民が必要としている学問的精神は、これらのさまざまな知識の内的関連性を自覚するようになり、これらの諸学校は最終的にひとつの身体へと自然に結びつけられた。それゆえに、今日の大学における諸学部の結びつきが単なる偶然的で、外面上の相互関係だとみなされないためには、哲学部によって諸学部の連関、そして共同体としての基盤を明確にしなければならなかった。この統一にこそ、学問のあらゆる本質的な構造が含まれている。すなわちそこには純粋な超越論的な哲学、さらにはすべての自然科学的なもの、そして歴史的なものが含まれている。それゆえに哲学部に設置された自然科学的な学科、また歴史的な学科では、できる限り認識の中心点にある超越論的な哲学との結びつきが重視されるべきである。もちろんより具体的で専門的な学科に関しても、特定の実践的な目的とだけ結びつくということがない限り哲学部でも取り扱われる。それに対して他の三学部は、直接的な認識においてひとつとなっているのではなく、むしろ外的な業務のためにひとつにまとめられているので、それらの業務との必然的な結びつきが科目を指定し、ひとつとなっている。それゆえに、哲学部だけが、学問的な団体それ自体によって、大学として生み出されたものなのであり、他の三つの学部は、それぞれ個別の必要性から発生したものなのであり、純粋に学問的な方向性についてはほとんど重要視されてはいない。このような視点から諸学部を注意深く見るなら、公的な学問的機関においても国家による支配が明らかになるのだが、さらに良く観察するなら、一方で国家よりも教会の支配力が、また他方で肉体よりも精神という古き、愛すべき考え方の方が支配的であったということがわかる。

法学部の改革は、それによって真の利益がもたらされることが自明のこととされているのであるから、なされねばならない。実定法の法令集についての知識は、固定され、不変なものと考えられており、学問的な研究をする者たちがさらにそれを発展させたり、またそれに服従しないことは、間違ったことだと考えられており、学問的な性格がきわめて少ない。それゆえに、法学部では、政治学、国民経済学、立法にあたっての哲学的、歴史的知識がさらに重視されるべきである。しかし法学部で実際に計画されて、行なわれている改革はどのようなものであろうか。[2] それは恣意的で、お遊びのようなもので、ひどく幼稚なものではないだろうか。すでに歴史的な遺産となり、多くの人に認識されているかどうかはわからないが、国民精神を具現化している大学の諸制度に対してそのような稚拙な改革をするのであれば、変えてはならない方向性までも変えてしまうようなことにはならないであろうか。それゆえに、もし知識人たちの自由な結びつきによってひとつの大学を設立するのであれば、いま哲学部としてひとつにまとめられているものが大学において第一の位置を獲得すべきであり、国家や教会の要請によって大学と結びつくことになった専門研究機関は、その下に従属させられるべきである。もしそのような改革がなされないならば、最後にできた学部である哲学部は、その他の学部から切り離

(2) シュライアマハーが念頭においている見解はユリウス・エバーハルト・ヴィルヘルム・エルンスト・フォン・マッソウの考えのことである。彼の Ideen zur Verbesserung des öffentlichen Schul- und Erziehungswesens（五七頁注（2）参照）の二四三〜二五五頁を参照のこと。あるいはヨハン・ベンヤミン・エアハルトの Über die Einrichtung und den Zweck der höhern Lehranstalten（六頁注（3）参照）の二三一〜二三五頁もまたここでの批判で前提とされている議論である。

してしまうほうがよい。そのほうが、哲学部が、他の学部のすきまに設置され、それによって他の学部に混合され、他の学部の一部分になりさがってしまい、他の三学部よりも劣ったものとみなされることになるよりはましであるし、哲学部を他の三学部に分散して設置しようなどと考えるよりはまだましであろう。もしそんなことをするならば、哲学の諸科はそれに固有の学問性を失い、実用主義的な専門研究学部に接近してゆくことになってしまうであろう。純粋哲学にとって、現実的な諸学問との外的な境界線を取り除きひとつになることも、個別的なものとして自立することも、自由に選択できることであるが、この自由も、もし哲学自体が発達することがなかったなら、その真の本質を示しえないし、もし哲学部のこのような分割のしるしが現われるようになってくるならば、自由がもはや存在しえないということであろう。

哲学部は、そこに学問として形成されたすべてのものを包括しようという目的を自らもっているのであれば、設置されるべきであり、その場合、哲学は最後に置かれた学部ということになる。〔その場合、学部の〕序列というものはどうなるのであろうか。哲学部は、もちろん序列の第一番目に置かれるべきである。なぜなら、哲学部は誰でもその自立性を認めているし、他の〔三つの〕学部のように、もしひとがその外的連関を見失うならば、すぐに多種多様なものへと分解され、解消されてしまうようなものではないからである。それゆえに哲学部は学部の序列の第一番目に置かれるべきであり、事実上他のすべての学部の女王である。なぜなら大学の全構成員は、どの学部に属している場合でも、哲学部にその根をもっていなければならないからである。この女王としての地位がもつ特権を、哲学部は、あらゆる大学に入学を希望する学生に対して行使する。すなわち哲学部によってすべての学生は試験され、そして入学を許可されるのであるが、これらは賞賛に値する、意義深い習慣である。この意義深い習慣が、完全な意味をもつためには、この習慣がさらに入学後にまで広げられる必要がある。学生たちは大学生活をはじめるやいなや、他の学部での営みをはじめることができるが、これはよくない習慣である。あらゆる学生はまず哲学の熱心な学習者であるべきで、かつてはそのようなものであった。すべての学生は、元来は、大学生としての登録学期の最初の数年は、他の学部の登録者とはなれなかったのである。これまでの習慣、すなわちゆりかごの中にいるうちから、すでにその子に合う職業を決めようとするような習慣をいつまでも残しておくべきではない。学問的な人生にとって古典語学校はまさにゆりかごである。そこを出て大学生活をはじめたばかりの青少年が、彼の将来の職業について、あるいはいままで学んだことと学問全体領域との関連についての、あるいは学問によって具体的に得られる有意義な人生についての十分な考えを、古典語学校から持参した程度の知識によってもつことができるとでも言うのであろうか。古典語学校の卒業の前後になって、神学や法学の全般的な概要を見渡せることができるようにあわててとってつけたような教育を試みることも、早くから専門領域の決定をさせるという誤った習慣のために、わざわざ誤った方法をとるということにほかならず、大学でなされるべきではない不正な搾取である。確かに古典語学校の段階から、ひとつの特定の方向の才能が明らかな場合もありうるが、そのような場合でも、その若者を学者として確立させるためには、ある期間、一般的な教育課程にとどまらせ、特別な才能によって、一般的な学問の意識が押しつぶされてしまわないようにすることが必要だと言うべきであろう。このような若者をただ一般の学生として、大学に入学させるべきなのであろうか。もしこのような若者が、諸原理を把握し、学問的な諸学科についての概観を得ることのために一年を必要としたとしても、その時間は決して無駄ではない。この間に、その若者の意識、愛、そして才能はさらに確かなものとして発達するであろうし、誤ることなく正しい専門分野への召命を見出すであろうし、なによりもそれを自ら発見することの利益は大きい。

他方で、大学のすべての教師も、哲学部にその根をもつべきである。とりわけ法学部と神学部は、そこに所属する教師たちが純粋な学問の領域においても、固有の評価と名声を得、さらに教師としての地位を確立できていないならば、彼らの研究はますます手工業的な伝統に近づき、まったく学問的ではない上辺だけの取り繕いものになってしまいかねない。〔というのも彼らは純粋に学問的な基準に基づいてだけ選ばれ、教師となっているわけではないからである。〕それゆえに法学部や神学部の教師には、ただこの学部での専門的知識をもった人物を選ぶだけではなく、できれば哲学部に同時に所属しないとしても、定員外の教師としての責任をもち、彼の属する学部とは直接的には関係のない純粋な学問的な領域を取り扱う講義ができるような人物を選ぶべきなのである。このようにしてこそ、これらの理論上の教説と現実の学問との有機的な結合を保持できるのであり、このような結合なしにそれぞれの専門的な学問は大学に属して営まれることはできないのである。事実、法学や神学のいかなる教師であっても、彼が純粋哲学、倫理学、あるいは哲学的な歴史学、あるいは文献学の領域で、なんらかの独自の成果をあげる力もなく、そのような関心ももっていないというのであれば、その人は笑いものにされ、大学からは追い出されることになっても仕方ないであろう。

すでに哲学部はひとつの最善のかたちで存在しているが、そのうえで〔卒業後学生たちがつく〕職業のために、〔哲学部のなかに〕さまざまな学科が必要になる場合には、定められた、固定的なものにすべきではなく、ごく手短かに言えば、そのようなことによって〔哲学部に〕本質的なものとしての統一性を失うことにならないようなものにすべきである。そして大学も、個々の学科に細かく分割したり、あるいは教師たちをひとつの学部の境界内に強引に押しとどめたり、あるいは専門領域に完全にしばってしまわないようにしなければならない。確かに、すべての教師が個々の学部に属するのとまったく同じではないにしても哲学部にも所属し、さらに個々の学部ではその諸部門への分化が強く働いているということになれば、多くの者が確かに脱落してゆくことになるかもしれない。そのために、教師がひとつの領域を一度決めたら、他の領域へと足を踏み入れてはならないということになるのであろうか。確かに境界線は相互に必要であるが、むしろ、相互の接触を妨げないようにし、他の領域への関心をそこから引き出せることが望ましいのではないだろうか。あるひとりの学者が、このことを正しくわきまえたうえで、同時に彼固有の研究のために、それを他の学部から引用したり、借用したりするだけで十分だとは考えず、その成果を自ら進んで公けにするための講義を行なうならば、そのことは他の学問領域に対しても、独自性のある、精神性に富んだ貢献をなすに違いない。諸学部相互の専門領域をめぐっての争いというのは、まさに時代遅れの、失笑をかうような行為である。もちろん一度公けにひとつの学問分野の教師としての資格を与えられ、その才能を認められたものは、その領域においてまずは自らの才能を発揮しなければならない。もっともひとりの学問研究者がその学問を伝達する賜物を行使できる期間は限られている。そしてこのような賜物自体がたいへん繊細なものであり、それを完全に行使することは難しく、その働きが求められるもっともよい時期と、与えられた賜物を十分に受け止め、それを用いることができる時期とがなかなか結びつかない。

それゆえに、真の大学の精神とは、各学部内部において最大限の自由が支配しているということであろう。諸講義を相互に従属させ〔学生が講義を取る順番を教師が決定する〕ことや、学問の全体領域を特定の方向へと細分化してゆくようなことを規則化することは愚かな行為であり、教師たちが個人的にそのようなことを取り決めるのも適切なこととは言えないであろう。それによってもたらされるのは停滞だけである。しかし逆に、学問の各分野が、他の分野で充分な研究をしてきた人によって、再び新たに研究されることになれば、その分野は新しい生命を得ることになる。それゆえに、誰でも自らの才能をきめつけたり、外部からの枠にはめられたり、また自らすすんでそのような枠にとらわれるべきではない。生き生きとし、情熱をもち、自らが大学で営んでいる仕事の価値を知り、それを愛している人には、このような外的な規制は必要ない。このような人は自分の営んでいる仕事を適切な仕方で行なう力をもっている。そしてこのような人はその人自身が規則でなければならないのである。これらのことは、本来独自なものであり、他人によって、あるいは一般化してそれを補うことなどできない。というのもこのような教師の資質は教師と学生の関係と深く結びついているからである。ある学生が教師に、より堅固な仕方で依存していればいるほど、あるいは学生が学問的な努力において教師に世話になっていると感じていればいるほど、その学生はできるだけ広い領域でこの教師の教えを受けたいとますます感じるに違いない。それとは逆に、学生がある教師のことをただひとりの特別な学問領域の専門家として感心しているだけであれば、学生たちは、そのような教師が学問の他の領域を登りつめてゆくことなど望むはずもなく、むしろこの教師の他の領域での失敗を待ち望みながら、傍観することになってしまうであろう。

もし名ばかりの偉い教授たちが学部を支配しているのであれば、それは真の大学の精神とは言えないし、むしろ学校に近い状態である。ある教師に定められた期間、繰り返し同じ講義をさせることは、その人に教師としての経歴の早い段階で、仕事はいやなものだと思わせてしまい、その人の才能は、若くして、衰退してしまうことになるであろう。また講義とは異なった方法で学問のために働いている人が、その人の仕事とは異なったことである講義を、喜びをもって、また関心をもって行なわねばならないと言われても、それは不可能なことであり、その人は自らの仕事のことを考えるがゆえに、この職を退かざるをえないであろう。また教師は、大学に着任するにあたって、すべての分野の本質的なことについて一度は教えておかねばならないとしばしば言われている。それはまったく正しい。しかし、そのようなことはただ正しい方法で教えられる教師が十分にいる場合にだけ可能になるのであって、それが必ずなされねばならないということではない。それではどうすればよいのか。そのような場合には、まずそれぞれの教師に十分に担当できる特別な専門科目を与えればよい。そしてもし規定の期間中でそれを成し遂げられなかったら、次の期間には別の教師がそれを担当するという規定にしておけばよい。そしてこのような忠告は、法的な形式をとるのではなく、なるべくゆるやかな仕方であるほうがよい。もしそうであれば、二人の教師は、さらなる苦労を背負うことなく、それぞれの責任を相互に交換することができる。そして個々の教師は、彼の自由を保持しつつ、その自由を行使することが全体的なものをないがしろにすることになるのではなく、むしろ積極的に役にたつようになるに違いない。

それぞれの教師が、このような方法で彼の領域を自ら定めることができ、既存の領域を自由に変更することができるのであれば、今日批判されている教師個人への講義聴講に対する謝礼も受け入れられるようになるであろう。これは、私たちの国の大学の精神や本質と密接に結びついているものである。なぜなら、この仕組みは、最近の問題意識の高い多くの人々の皮肉のこめられた攻撃にもかかわらず保持されており、この謝礼が廃止されたところはと言えば、もっとも劣悪な大学、あるいは大学のなかでもっとも問題ある部門だけだからである。この仕組みは、ごく限られた大学で、すなわち学者たちによる自由で、完全に民間の共同体として誕生した大学でのみなされている。それはこのような大学のもっとも自然で、美しい側面なのである。というのも、教師が自らの講義で謝礼を受け取ることは、自らのいやしい意識によってそれを思いついたわけではない教師たちにとっては、それによって若者たちの尊敬を失わせるようなものにはなりえない。むしろそれは教師の国家への依存の感情を軽減させるものでもあるので、自らを卑しめるような行為ではない。それゆえ国家もこの仕組みと関係をもつべきではない。むしろ国家は、貧しい学生に対する扱いについては、教師の裁量にまかせておけばよいのである。国家が教師に、この講義は無料で行なうようにと命令するのであれば、一般的なことについては公開にして無料で教え、重要なこと、あるいは高度なことについては私的な講義として聴講料を得て行なう小さな学校を別に作るというようなことになってしまう。それはよくない制度である。そのときそのときに選び出された者たちへのもてなしの食事である講義への謝礼がどのようなものであるべきかということは、教師自身がもっともよい仕方で思いつくに違いない。

ゼミナールはこのような選ばれた者たちの教育に属する仕組みである。各学部、すなわち医学部、神学部、哲学部の文献学的な部門に結びつけられ、多くの場合、独自の施設として、国家によって設置され、援助を受けているものである。教師たちも、そこでは特別の給与を与えられ、多くの場合では若者たちも（医学部で医療行為にあたる施設である場合は別だが）なんらかの恩恵を得ている。ゼミナールというのは、大学からアカデミーへと向かう途上にあるもので、そこに進む学生たちの独自な研究、青少年たちによって選ばれた専門的な教育が試みられる。それゆえにもっとも内面的な領域を取り扱う純粋哲学では、このようなゼミナールという方法については、なんらの指示も与えられないどころか、純粋哲学は哲学的原理や事柄の一般的な視点を正しく確立することが目的なので、独自の対話法の練習を実践する場としての機能くらいしか果たしえない。それに対してゼミナールというのはむしろ具体的な指導・訓練の場なのである。すなわちゼミナールはより特殊な領域へと向かい、教師も学生も常に共同で事柄と取り組むのであり、そこで学生は研究を行ない、教師は直接指導をするというよりは、学生たちの研究を助け、そして批評する。ゼミナールでは、講義で取り扱われる段階よりもより高度な事柄を、しかも具体的に教えるべきだということは、まったく誤った視点である。あらゆる具体的な教えというのは、大学でのすべての者たちに与えられている権利である。しかしゼミナールというのは本質的には、常に選ばれた者たちのものである。このようなゼミナールと大学での講義との間にコンヴァーザトリーという討論クラスがあることによって、教師たちは学生たちの反応をすでにある程度知っているはずである。［そのクラスでの討論によって］学生たちは不明な点を指摘し、教師に繰り返し講義してもらい、解説してもらうことによって、また疑問や反対意見を提示することで、それと取り組もうとする。どこまでこのような形式が守られているかはわからないが、もしゼミナールでこのような教師と学生の自由な接触がゆるされていないならば、そのような欠落状態はこの討論クラスによって補われるべきである。教師と学生との相互的な伝達が可能になってこそ、学問的な精神が働いている者たちを満足させることができるはずだからである。また当然のことであるが、ここで青少年たちは自らの知識に、独自な方法で、さまざまな側面から光を当てることで、霧をはらい、精神的な活動にともなう行きづまりをとり除くための研究や、さまざまな試みを行なうことができる。ゼミナールに真剣に参加し、習得した力を自覚した者だけが、研究者たちの苦悩の道を見渡すことができるのである。そのような学生たちが、それでも教師とともにこの研究を続けてゆくことが必要だと感じるときにこそゼミナールが可能になる。本来は、自らの専門領域に所属する若者たちを自らひきつけることができる教師に、学生たちは自らの研究の指導を委託するのである。それゆえに教師はすべて自らのゼミナールをもつべきである。ところがこのような自然な展開に国家が介入した段階で、国家はそれぞれの学部にひとつのゼミナールを設置し、特別な待遇のもとにひとりの教師にそれを委託することになってしまった。ひとびとはあまりこの点については言及しないが、国家はこのような委託をする教授に一般的には終身的な地位を保証している。そしてドイツでは、国家がこの職務を委託する場合、年長者への恭順精神のゆえに、他の条件において差異がないならば、青少年との個人的な交流をもっとも苦手とすると思われる年配の教師にゼミナールが託されることになってしまう。このような制度によって、ひとりの教師だけがこのような特別な待遇を受けることになれば、若者たちへの個々の研究活動への関心がただひとりの教師によって独占されてしまい、他の教師は、学生たちとの関係を十分に築くことも、研究上の関係をもつこともできないという問題が生じることになる。また国家がある特定の数の学生を、大学での勉強を開始した時点からすぐにゼミナールの学生として所属させることも問題である。なぜなら若者たちは、ゼミナールへの所属を許可することができる特別な権利をもった教師に、純粋な感情によって結びつくのではなく、むしろ下心をもって属することになるからである。そして現実には中身のない励ましを与え、まだ何も行なっていないのに、先取りして賞与を与えるというような弊害を生み出すようになってしまう。このようなゼミナールをつくるべきではない。むしろ国家は、このような特別な権利を、各学部にすべて委託し、自発的に、真に学問的な研究を行なおうとしている学生と密接な活動を続けている教師、あるいはそのようなことができるであろう教師が、このような特別な権利を学生に与えられるようにすべきなのである。もし教師たちのなかに、自らすすんで、特別な報酬なしでもゼミナールを担当したい者がいないという悲しむべき状態があるならば、そのときにこそ、組織全体が、あるいは国家がこの状況に介入すべきである。おそらく既存のゼミナールの一部はこのような方法で、またこのような条件のもとで発生したのである。いずれにしてもこのようなひとりの人にゼミナールが独占されているようなケースは、他にこのような仕事を担当したいという教師があらわれ、希望者が複数になったなら、すぐに廃止されるべきである。

同じような理由から、国家は〔学生に〕奨励や援助を与えるべきではなく、むしろ褒美や表彰を与えることにとどめるべきだという原則に基づいて、奨学金制度全体が再検討されるべきであり、それによって本来の目的に立ち返るべきである。なぜならこの制度はかたちがくずれはじめ、慈善活動のようなものになり変わってしまっているからである。学生は、彼がすでに学校時代に得た奨学金以外にさらに新しい奨学金を受けるべきではないし、〔そうでなくとも〕学校時代の奨学金はその学生が大学で新しい奨学金を得ることができるようになるまでとしなければならない。そうしないと彼は学校時代には良い学生であったのに、大学に入って悪い学生になってしまうからである。あらゆる支援は、試験を受けること、それによってふさわしい証明を受けることに基づいて与えられるべきであり、それには栄誉メダルを付すべきである。なぜならそのようにすれば、経済的に貧しい学生だけではなく、裕福な学生であっても、それを望むようになるからである。そして裕福な学生は、おそらく報奨金の方は他人によろこんで譲るはずである。まさにこのようであれば、本来的な目的は達成され、大学は他の団体と比べても卑屈さや差別の少ない場所となるであろう。

これらすべてのことはまさに大学の教師が大学での教師にふさわしいものであるということを前提としている。これ以外に大学の本質的な前提を考えるにあたってなにか別のものがありうるだろうか。おそらく他の業務であれば、その仕事をするために、外部からの強制によってコントロールされ、また外部から取り扱われても問題なく運営されうるということもあるだろう。しかし大学での業務は、そうではない。それはただ喜びと愛とによって成立する。そしてもしそれがないとすれば、たとえたいへん筋の通った外部からの業務命令や原則が持ち込まれても、それはただのむなしい幻想のような仕事になってしまう。もし教師がなんらかの才能もなく、善い意志ももっていないのに業務にあたり、それによって大学をより良いものにしようなどということは、愚かな考えである。なぜなら、精神については、そして精神を強くするための仕事は、まさに精神の力からしかもたらされないからである。

それゆえに重要なことは明らかである。正しい意識をもった教師を、また必要な能力を最大限に行使できる教師をいかにして得ることができるかということである。私たちは大学の本来的な諸部門についてこれまで取り扱ってきた。しかしこの諸部門をいかにして与えられた機会ごとに、もっともふさわしいものに刷新することができるのだろうか。これまでの経験からすると、この重要な問題について、全体の理念と本質にふさわしい方法で取り扱われたことはなかったように思う。そうなるように信じて待ちましょう、というような誤った考えがいたるところに蔓延している。このような業務に長けた人物がいないからといって、有能な教師が［世の中に］いないと早急に判断してしまう必要はないであろう。まさに、ある時代には有能な人物が大学におり、他の時代はそうではない普通の人物がいるということがあり、それぞれの時代で異なっているのである。その原因は、政府が、教師を雇用するにあたって、有力な政治家にすべてを委ねていることにあるように思われる。もしこのような政治家が事柄についての正しい才能と熱意を行使しているならば、この人によって間違いのない、ひとかどの教師を集めることができる。しかしその人の後任となる政治家が、適任ではない人物であるとすると、その人のよろしくない選択によって、おろかな人物ばかりが次々と集まってしまうということになる。まさに、大学が国家に奉仕するものとはみなされていないような小さな国では、指導権をもった政治家の視点というのは、ただ学問的な質に向けられるであろう。しかし国家が大きくなればなるほど、ますます指導権をもった政治家は、一般社会を支配しているようなさまざまな見解によって魅惑され、学問それ自体をなすためにもっともすぐれた才能をもった知識人よりも、若者のもつ知識を国家のもっとも利益となることのために使わせることに長けた、その政治家の友人やマイスターを教師として選ぶようになってしまう。ひとはこのような誤った傾向をよく心にとめておくべきではないだろうか。そして大学の発展のために慣習となっていることを変革するためには、教師の任用をなるべくひとりの人物に依存させないことである。もし学問を没落させたくないのであれば、事柄の本質上、学問上の団体が、学問を維持する者、それを受け継ぐ者の選抜には重要な役割を果たすべきなのではないだろうか。

大学の管理官は学問的な教養を備えた人物であるべきだとひとは言うであろう。またその人を手助けする次官たちも、当然高等宗務局、あるいは高等学校局の構成員であるべきだというであろう。ここで注意しなければならないことは、これらの人々は次第に国家に奉仕する官僚として仕事をするようになってしまうのではないかという懸念である。学問上の団体への関与は、国家への奉仕とは違う固有のものであるべきで、むしろ国家から切り離されているべきである。しかし逆に、大学教師の選抜は、本来完全に大学の固有の行為であり、自らの手で刷新を図る自由をそれぞれの大学はもつべきだという主張に反対する意見もある。なぜなら、大学は自らの教え子のなかから国家の任命ではなく、私講師を自前で任命することができるので大学にとって都合のよい者ばかりが結局は選ばれてしまうというのである。それによって私講師はその後、研究において成果をあげ、評価されるようになれば、国家がそのような人に注目しないはずはないし、そのようなことがなくても、その人は国家によって任用されている教師たちよりもより優れた働きを大学のためにするに違いない、と考えられているからである。しかしこれは事柄の本質を知らない発言である。というのも、このような仕方で大学に席を得た私講師は、公けに国家によって教授として認められている教師に対して、その人が自分よりもたとえ学問的には見劣りがする場合であっても、まったく反論などできないからである。もしそのようなことをすれば、この私講師は大学全体の内部政治から完全に排除され、勇気も喜びも失い、逃げ出してしまうか、才能をまったく発揮できないままで終わってしまうかのどちらかであろう。それゆえに大学による教師の選抜の自由ということと、国家による責任ある昇進や進退の保証とが矛盾したり対立したりすることのないように整備されないならば、人事が学問になんらかの影響を与えるということはほとんどありえない。他方で、ひとつの大学が独自に、自らの力だけで刷新や改革を行なうことはよくないことである。同じ土地に常にいつでもそこで収穫された種だけを蒔いていると、次第によい実りを期待できなくなるように、また一族のなかで交流し結婚ばかりをしていると、家風は硬直化し、精神はしおれてしまうように、このような大学は、つねに偏った方向へすすみ、そしてついには枯渇してしまうことになるであろう。それゆえに、むしろ大学は、さまざまな方法で、すすんで他の大学からの影響を受け入れるべきである。教師たちが、多面的な交流によってこれまで見知らぬ財や果実を伝え合うためにも、より多くの学問的な共同体と交流することを妨げないようにすべきである。

大学の教員に欠員が生じたさいに、あるいは大学の拡大の機会が到来した場合、何が必要であるのかということについては大学自身がもっともよく知っている。大学の構成員たちは、祖国の学問のどの領域に注目に値する人がいるかを知っているので、どこで適任者を探せばよいのかということも知っている。しかし残念なことにこのような人に選考を委ねることには誰も賛成しない。大学というのは全体的にこざかしい策略や精神によって支配されており、教師たちは党派の勢力争いや研究成果の相互批判から生まれた妬み、個人的な感情から、提示された人事に一喜一憂している。このような誘惑とは無関係の政府や政府の代表者は、それとは反対の意味で、正しい判断のための基準が欠如していることは明らかである。そのような人々はすでに定着している名声を基準に選ぶものだが、それはしばしば当てにならない。

純粋哲学の教授職の選考は二つの理由からしてもっとも難しいものだと思う。なぜならこの分野は国家からもっともかけ離れたものだからである。国家が、誰がもっとも注目すべき哲学者か、誰を受け入れ、昇進させるべきか、ということを決定するのはまことに不可思議なことである。このような領域に対して政府が注文をつけ、哲学的な事柄において対立している党派が存在する領域に政府が介入し、相互に対立している体系のいずれかを排除し、無視するようなことがあれば、それは軽蔑すべき行為であり、よい関係や相互の信頼を大いに損なうことになる。しかし他方で、大学それ自体は戦いの場で、このような体系や党派の対立がもっともはげしく、そして相手を倒すまで続くところである。それゆえに大学それ自体に教師の選抜が委ねられるならば、たいへん醜いことがそこで起こるに違いない。大学には教師たちの自由以外に他の方法はないからである。道を切り開いた人にはその人にふさわしい場所を与えるべきである。また大学の正式な構成員として迎えられたあとに評価を得、それを維持し続け、思弁の才能を開花させることに成功した人であるならば、いずれにしてもこの領域ではさまざまな事情のもとに争いが生じるのであるから、そのような争いを危惧するのではなく、またその体系の内容について早急な判断を誰かがしてしまうのではなく、まずは公けの教師としての立場を与えるべきである。その場合には、その人に倫理上の評判について前科がないこと、また具体的な知識についてのいずれかの領域で業績があることさえ確認できればよい。その場合、考慮されるべきことは、この公募に対して、対立相手の側からもそれに応募できる領域であるべきである。決定は大学管理官によってなされるべきである。具体的には全国のアカデミーのうち、学問的対立のある各党派の争いになるべく巻き込まれていなくて、研究者の才能について、もっとも純粋な見識をもっている文献学的部門に委託するのがよいであろう。

他の学問領域では、国家と学問的な団体とがいかに最善の仕方で機能するかということについて、哲学の領域ほどに苦労することはないであろう。国家の利益が直接的に主張される領域については、大学管理官が、彼の職務の附置機関である高等教育局の委員のうちで、この領域についてのもっとも高度な教養をもっている人の意見を聴取し（その他の人は大学の事柄についての決定権はない）、候補者を選考し、その人が所属することになるはずの学部が、哲学部のうちでその学部の教師たちが構成員となっている部門、さらにはその人が加わるはずの部門と協議して、最終的に選抜するのがよい。また各大学は、自らがその学問的な分野については特に強い責任をもっている領域の教師職の募集にあたっては、まず相互の投票によって三人を選び、そのうえで大学管理官が、すでに述べたのと同じような協議を経て、選抜するのがよい。このような方法が行なわれることによって、それぞれの大学の固有の方法があるにしても、もっとも公平で、従来の悪い習慣が排除される道が選ばれることになるであろう。

著名な教師たちの大学での責任を解く正しい時期というのはいつがよいのか、ということについても、きちんと問う必要はないのだろうか。このように年をとり過ぎてしまい、そのことは実感しているのであるが、日々の糧に必要なものを得るために、その業務を続けていることにしがみついている大学教師ほど、あわれな姿はないことは誰の目にも明らかである。ここからして重要なことは、一つの国家はあまり多くの大学をもつべきではないということであり、そのことを真剣に考えねばならない。なぜなら、もし大学の教師としての仕事がそのようなものであれば、教師は、もっとも元気に働ける間に、のちの人生に不安のないような備えを蓄えることができるであろうし、とりわけ成功した教師はそのようなことができる。教育機関としても、個々の功労者たちの栄誉と安定を保証して退職させることができる。しかしこの問題で同じように重要なことは、大学とアカデミーの間に正しい、友好的な関係を構築しておくことである。大学教師がもつべき講義などにおける学問の伝達という才能は、たいへん微妙な才能で、人生の若い時代にだけ見出されるものである。もし哲学者たちが、人間の生殖能力についての正しい知識をもっていて、始まりと終わりがあるということを理解しているなら、この才能についても正しく判断できるはずである。一般的な法則によれば、二五歳から三〇歳の間で発達がはじまり、急速にもっとも美しい花盛りを迎え、五〇歳にもなると突然衰えを感じるようになるものである。このようなことが起こる理由は、人々が考えるような、講義を繰り返し行なうことからくる疲労からではない。このような影響は、良く完成された大学にいる真に元気な教師であれば、かなりあとになってようやく起こるものなのであまり心配ない。むしろ、若者たちが、ますます教師と違った世代に属するようになればなるほど、また教師が青少年たちの思想に共感し、学生たちとの愛や友情を経験することが少なくなればなるほど、教師たちが青少年たちと密接な関係をもとうという意志や方法を失うことになり、その職務をつまらない、みのりのないものと感じてしまうことが原因なのである。しかしこのような才能を失った者は学者としての死を迎えたと言いうるであろうか。またこのような人たちをアカデミーが迎えるとすれば、アカデミーの権威を貶めることになり、そこを老人ホーム化することになってしまうのであろうか。そうではないのではないか。むしろ、このような人々は個々の難解な研究にとってはしばしば邪魔になる早急な構想力の激化などが沈静化され、むしろ思慮深さがその全体にわたって力を発揮できるようになった人なのではないだろうか。このような人たちは、この年齢になってこそ立派な業績をあげることができると言えないだろうか。大学で働いた学問の教師のほとんどは、その人が学問について徹底して教えていればいるほど、それを継続させ、その研究を最善の形で完成させたいと考えるようになり、アカデミー会員が暇であることを羨むようになるものである。しかし教育能力に衰えが始まっていることを感じていても、なお大学教師として、教師の仕事を続けたいと思っている人がいないわけではない。もし大学がこのような、教師としての仕事が困難になったような構成員によって占領されるような病状を発症したならば、大学とアカデミーの両方の人々の名誉を傷つけないような、合法的な移動ということがなされなければならない。すなわち、大学を活性化させるためには、教師も学生たちのように、ただ教師の場合はゆっくりと、出入りをさせるべきである。

大学の本来的な方向性というのは、次第に支配的なものとなった国家の影響を、再び境界線の向こう側に押し戻し、それとは逆に、元来の姿、すなわち学者たちの共同体としての性格を取り戻すということにあることは、誰の目にも明らかである。そして大学の公的な側面と、大学に本来的な構成員や諸学部における問題の境界線も明らかにされねばならない。すなわち大学という組織それ自体の内部のいわば家庭生活に属するような問題と、大学とその個々の構成員が、市民社会の一員としてなさねばならないこととをはっきりと区別しなければならない。大学は組織内部の問題については、自由に、そして他のものから自立した自らの法をもたねばならない。またそれを自ら改革しなければならない。国家はその点に介入してはならないし、国家はこの問題をただ共有しているということだけを大学に知らせ、監督し、大学が自らの領分を超えてしまわないように監視するだけである。ただ、国家は、大学に対して提供している便宜や財産については、大学に責任を求め、大学は国家が任命し、大学がそのなかから選んだ専門家の指導を受けることになる。さまざまな余計な干渉は、学問の幼児期には認められることであるが、大学が成長し、確かな見解とその営みについての基本的な形式を確立するにしたがって、ますますそのようなことは逆に反感を買うようになる。今日の学者たちの意識は、本質的にはデモクラティックで、その精神において互いに平等である。個々の学者の仕事は本質的にみな同じように全体に属するもののひとつであるという意識が浸透している。それゆえに、大学が公けの営みや、大学の規則や秩序を形成することにおいては、大学の規則が自由であればあるほど、大学はよりデモクラティックに形成されることになるであろう。大学の公的な組織はすべての構成員によって、あるいはそのなかから選抜されたものによって構成されるが、その精神はいつでもデモクラティックで平等なものでなければならない。選抜も、すべてのひとの共同の意志を具体化し、代弁できるもっとも優れた人物を選ぶための自由な選挙の結果によって構成されるべきなのである。この構成員が、特定の条件をつけて選び出された者たちによって、恒久的に形成されることになった場合には、さまざまな事例から明らかなように、新しく伸びようとしている人の業績の芽を摘んでしまったり、名声への飽くことのない欲望、学者には不適切な歪んだ口調などの、心の底に潜んでいた貴族主義的な意識がさまざまな弊害をもたらすことは明らかである。しかし内的にデモクラティックな意識は、大学の組織が表面的な専制主義の形態をもっていることを否定するわけではない。このような形態を私たちはさまざまな大学で見かけるし、それが大学にとっての大きな利益となっていることも知っている。大学でなんらかの交渉を行なおうとする場合には、当然、口頭で、あるいは文書によって、公けに事柄を取り扱う人と接触する。しかしもしその人が、ただ配属されただけの官僚である場合には、それによって大学組織全体を軽視するような取扱いを受けることになるおそれがある。それゆえに、ひとりのひとを、もちろん内部ではひとりの同じ構成員にすぎないのであるが、そのうちの筆頭的な人物に任命することで、対外的には、大学という全共同体の意志を代表して、国家の諸機関に対して、また個人に対して、同じように学生たちに対して対応してもらうのである。これが大学の学長の真の理念である。学長は大学全体のデモクラティックな性格を損なわないために選抜された機関の委員会のなかから、その構成員によって、規定に従って、定められた時期に選挙されねばならない。それに対して、国家がこの学長を指名するような場合には、その人が長期間にわたり、あるいは終身職として指名され、内部的には、同じ構成員のなかの筆頭的な人物ということ以上の大きな権力をもつようになり、それによって学問を単なる国家への奉仕へと従属させるような考えが支配的なものになってしまう危険性がある。[3] 同じように各学部の運営においても、このようなデモクラティックな性格が保持されるべきである。学部長がいるところでは、選挙によって交代すべきであり、より小さな組織である場合には、順番制が自然であろう。全員の内的な平等性が失われないようにしなければならない。もし誰かが一番年長であるとか、あるいは一番長く勤めているからとか、あるいは個々人のなんらかの理由によってその人を特別に取り扱うようになると、組織が老化し、特定の個人の考えに依存するようになるというような良くない傾向を全体が帯びるようになってしまうであろう。

（3） これはシュライアマハーのハレ大学での経験で、そこで学部長であったアウグスト・ヘルマン・ニーマイヤーのことをさしている。これについてはWilhelm Schrader, Geschichte der Friedrichs Universität zu Halle. 2. Bde., hg. von Hermann J.Rupieper, Ferdinand Dümmlers Verlagsbuchhandlung, Berlin 1894を参照のこと。

5　大学の倫理と監督について

長い間ドイツの大学について、たいへん悲しむべき状況が報告され、嘆かれている。たとえば、まったく粗野で周囲に迷惑をかけるような低次元の倫理性、学問と取り組む若者たちの無秩序な生活態度が、大学に昔からある諸形態や制度と不可分な仕方で結びついていることである。また何も恐れぬ若者たちへの大学の監督力の欠如によって、数多くの軽微な犯罪や社会秩序の破壊が起こっているだけではなく、そのことによってすぐれた制度が無益なものとなり、大学におけるもっともすぐれた若者までもが得るところの少ない生活をおくるようになっている。そのため大学が従来通りのあるべき形態へと回復されうるのか、ということについては多くの人が疑念を抱いている。

批判の対象とされていることは、要するに、大学の自由という名前のもとに知られ、そして酷評されているものである。それを自分の身近に受け入れなければならないとすると、多くの人は恐怖を感じるであろう。自分の青少年時代のことを忘れ、そのとき多くの人に迷惑をかけたことを忘れてしまったような人たちは、報道されることを通して、恐れているのかもしれない。しかし他の人々にとっては、人生のもっとも豊かで、力に満ちた時代における愉快で、懐かしい思い出である。またこの問題をよく知っているごく少数の人にとっては、それはたいへん関心のある問題で、現在起こっている困難を解消することは、重要な課題である。

学生たちの自由には二つの側面があり、私たちはそれを切り離して考えることにしたい。まずひとつめは、学生たちが通った学校と大学とを比較すると明らかになる。大学で与えられている自由、すなわち学生たちの自由とは、とりわけ精神的な営みに関するものである。学生たちは、これらのことについてはなんらの強制を受けるわけではないし、どこに行けとも言われないし、どこからも締め出されることもない。誰もこの講義に、あの講義に出よとは言われない。学生たちがそれに出席しようとしまいと誰もそれについて何かを言うわけではない。このようなあらゆる営みについて、学生自身が教師に願い出たことを超えて監督されることはない。学生たちは、大学を出たら何を要求されるのかということ、あるいはどのような試験が待っているかも知っているはずである。しかし、この目的のためにどれだけ熱心に準備するか、そのためにいかに計画性をもって、滞りなく準備するか、あるいはまったく要領を得ない仕方でいやいやながら片づけてしまおうとするかはまさに彼らの自由なのである。彼らの研究が、常により深く徹底化するように、助ける手段に欠落がないように配慮がなされているが、しかしそれを彼らがいかによく用いるか、つまらないものにしてしまうかについては、注意されることはあったとしても、責任を追及したりするひとはもはやいない。それゆえに、学生たちは完全な自由をもっており、怠惰に身を任せ、愚かな快楽に溺れることも可能である。だから見上げるほどの熱心さによって賞賛を得るかわりに、人生のもっとも美しい時間を無責任にも浪費してしまうこともできる。若者たちがよりよい訓練や秩序によって指導され、健康的な強制のもとに支配されていたならば、もっと多くのことを学び得たはずであるのに、大学からなんらの特別な利益を得ることなく〔社会に〕戻ってくる学生がいることは残念なことだと多くの人が考えている。

確かにある程度の強制をともなうなら、多くのことを学ぶことができるであろう。しかし、その場合、大学で学ぶということは量ではなく、大学の目的認識だということを忘れてしまっている。また暗記や理解力を向上させることではなく、高貴で、真実で、学問的な精神が呼び起こされ、まったく新しい人生へと若者たちが変えられることこそ大学の目的であることが忘れられてしまっている。それは強制によってではなく、ただまったく自由な精神のなかでこそ試みることができるのであり、それ自体は、ドイツ人の間でこそ、ドイツ人に対してこそなしえることなのである。ひとが愛と信仰の律法のもとに生きることができるようになるのは、なんらかの権力、あるいは外からの訓練や強制によるのではなく、ただ愛と信仰それ自体、あるいは人が他者を愛と信仰とによって受け入れることによってであるのと同じように、人をあらゆる権威に従属することから解放する学問や認識へと導くためには、他のさまざまな方法を用いないで、ただ認識によってその人に働きかけることによってこそ可能になる。またすべての人は自らのうちにあらゆる権威から解放する力をもっていることを認識し、教師のように自らが他者を導きうる権威であるかのようにふるまうことをやめるならば、そのことは可能になる。私たちドイツ人は自由についての信奉者であるだけではなく、個々人の個別性の信奉者でもあるので、認識についての高度な精神は個々人のうちに、それぞれに個別的な方法で現われ出ると考えてきた。そのため、個々人の個別性が、信仰の場合と同じように、知識の一般的な形式や規範、認識にいたるための唯一確かな方法であるとは考えてこなかったのである。それゆえにドイツ人は、認識のプロセスは、機械的方法によっては取り扱うことはできず、それとはまったく逆に自由な方法によってこそ可能になるということを、私たちの大学という制度のなかでこそ明らかにしてゆかねばならないのではないだろうか。それゆえに、私たちは自由という問題については、他の事柄とは違って丁重に扱う。それゆえに、私たちは個々人をこのような認識へと導くためにはさまざまな種類の機会がありうることを確信する。それゆえに、私たちは、学生たちをさまざまな方法によって精神的な刺激に満ちたより大きな交わりへと導く。それゆえに、私たちは、これらの刺激によって学生たちがそれをどれだけ受け入れ、また自らのものとして取り扱うことができるようになるかは、個々人の問題ということを前提にする。また、私たちはそれぞれの若者から生み出されるものを、私たちがそこへといたらせようとしていることへの最初の前兆だとみなしたり、それを見誤ったりして、学生たちになんらかの矯正を施したり、ひとつのことに没頭するように制約すべきではなく、個々人の判断にすべてを委ねるのである。さらに、私たちは個々の青少年が、大学における共同の生活のなかで、もっとも素晴らしいと感じ、もっとも力あるものだと思う講義を選択できるように、またその他についても彼らが望み、それをやりたいと考えることができるようにしているのである。

学生たちの自由の問題は、学問の尊厳についての私たち国民の考え方と密接に結びついている。それゆえに、私たちは、知者になりたいのだという者たちを、これとは違った仕方で取り扱うことは不可能である。適切な忠告は不可欠であろう。それに各大学の方針について忠告を与えたくなるような理由がいくつもある。しかしなんらかの前兆が、ごく小さなものであっても見出されるからといって、強制や、外部からの影響がたとえごくわずかで気がつかない程度でもなされるようになることは危険なことである。教師たちは優秀で、その他のことも同じように優れていても、機械的に、学校と同じような方法で大学が営まれているようになるのだとすれば、実際にある人が認識へといたる能力をもっているとしても、それを大学という機構のなかで実現させることは不可能であろうし、もしそんなことができるとしたら、それはまさに奇跡のようなことであろう。なぜなら学問の精神がその人のうちに支配的になればなるほど、自由の精神も旺盛となり、そのような人は、自らに対して求められる従順の精神に反抗したくなるからである。いや、このような意味での学問に対する本性に規定されている人こそ、一番重要な、本来的な意味での大学の構成員なのである。大学におけるすべてのことは学生のためであり、すべてのことは学生に関わることである。それゆえに少なくとも学生たちのためにならないものは不要なこととみなされるべきなのである。

実際には、大学の多くの学生が、このような優れた者たちではなく、学問の奥深くへと入ることができない者たちである。しかしそれでも学生たちの取扱いにおいて優れたものとそうでないものとを区別したりしないで、すべての学生が最高の部分へと上ってゆくことができるのだという前提のもとに取り扱うのが大学の精神である。それゆえに、すべての学生がこの自由を享受すべきなのである。この自由から正しい利益を引き出すことができない者たちが、必ずこの自由を怠惰や放縦を誘発するものとして誤用するということではないのであるから、この自由を制約しようとすべきではない。しかしそれぞれの大学で多数をしめているのは、天才的ではないし、独特で顕著な発達を示さないが、しかし誠実で、熱心な若者たちである。これは自然なことである。このような若者たちが高度な能力を獲得することを期待することはほとんどできない。それどころかこのような学生たちは、無意識のうちに感じている自分の能力を明白な意識へと展開する場合には、その力がしばしば荒々しく、また混乱した姿であらわれ出る。そしてそのような傾向が強ければ強いほど、その力は自由からではなく、彼らが栄誉あるものと思っているさまざまなものを求めて働いている。それゆえに、このような若者には、愛情をもって、しかも栄誉の力を使って働きかけるべきであろう。すなわち、彼らが法や秩序よりもより根源的だと思っている家、国家、そして天職という目標を生き生きと保ち続け、そのために努力することができるようにしてあげるべきである。もし両親や保護者にあたる者が、必然的に自由をもとめるようになる天才ではない若者を大学に送るときには、すでに述べたようなものとの美しい絆によって彼をしっかりと結びつけてから送るように配慮しなければならない。もちろん大学もさまざまな仕方でこのような学生たちを助けるであろう。そのひとつとして大学には宗教的な施設が置かれている。もちろん大学教会は、このような程度の低い大学の構成員のためだけにあるのではなく、優れた、立派な大学構成員たちが、学問と道徳的生活の内的力を硬く結びつけるために、置かれるべきものである。大学は若者たちが、学業において自ら撒いた種を刈り取ることを開始するとき、彼らの成長した教養の公けの証明を、卒業という仕方で示す。また大学はゼミナール、懸賞論文、表彰や名誉メダルによって、学生たちに勤勉であるように勧め、また学生たちの名誉心を喚起することに力を注いでいる。このような規則正しい学業のための諸手段が提供され、自由に、自らの中に生じる内的な喜びや愛によって、学問に向かい、与えられた講義を十分に利用することができるにもかかわらず、それらを用いない若者も大学にはいるのである。そのような学生は明らかに大学にはふさわしくない人々であり、学問という領域で真の仕事をすることにもまったく適当ではない人であり、認識をまったく拒否し、堕落した思考に支配されている者たちなのである。このような者たちが自由の国としての大学に登場し、それどころか急速に支配者のような力を発揮することになったら、それはこの学生の道徳と個人的な尊厳のためにも、そして社会にとっても大きな損失をもたらすことになるので、大学はやはり学生を強制する必要があると考えるのは、本末転倒であろう。というのもこのような者たちのことばかり考えて自由を制約しすぎるなら、逆に人々が期待をかけている者たちが、その期待を現実のものにするために用いるべきよき手段を奪うようなことになってはしまわないだろうか。もしそのようなことになるくらいであれば、堕落した思考に支配されている者たちを放任しておくほうがまだましなのではないだろうか。それゆえに、学生たちが植えられた土地は、成長するためにはまったく必要でないものが、まさにジャングルのように植えられた土地であるという現実を忘れないでいただきたい。もちろん、このような状況のなかで、それぞれの立場からなんらかの意見を言う自由を、国家であっても、学者たちの団体であっても制限すべきではない。学者たちの団体は、古典語学校に、現在の若者たちのこのような精神的な状態についての意見書を送り、現実を知らせ、心に留めてもらったらよい。国家は、法的な必要性から大学を指導するが、学問とまったく関係のないこのような業務にまで介入すべきではない。国家は、大学が、ある程度の、そして表面的な精神的教養を得るための唯一の手段であるというようなこの世の偏見や誤解を擁護したりしないほうがよい。これらのことをすべてなすことで、大学は若者たちへの対応をなしえたと言ってよいであろう。

さらに私たちは、学生たちの自由のもうひとつの側面について取り扱う。それは、大学における自由と、彼らが市民的、慣習的社交関係において経験する自由との違いということである。その差異と自由の本質を正しく理解することは、容易なことではない。大学が固有の学生裁判所をもっている場合でも、そこで取り扱われる事柄は、ほとんど、いやまったく一般社会の問題とは異なっており、それとは無関係である。また学生は、社会では罰則を免れえないような法律違反に対しても見逃してもらえるという考えは、間違ったことである。学生は他の若者たちが一般に受けている保護的な免除以外のことを受けてはいない。それどころか学生たちは一般的な若者よりもより重い罰を受けている。なぜなら学生たちは、法の規定に従って罰を受けるようなことがあれば、自らの将来の生活に決定的な影響を与えることになるからである。それゆえに問題は、学生が特権的な階級として手にしているさまざまな特定の権利のことではないのである。自由の問題の本質とは、まさに、学生が社会で慣例になっていることからまったく自由に行動できること、また学生はそれぞれ今後、自ら選び、そこに身をおく世界では倫理に従って行動しなければならないが、大学ではそのようなものからは自由で、さまざまな倫理や生活様式が許されるところにこそある。古代人のように道路で寝起きをしてみる。南方の国々の人々のように、音楽や歌を楽しむ。それはしばしば野蛮なものである。学生たちはどちらでもないのに、あるときは裕福な人々でなければできないようなことをし、あるときは、貧者のように、人々のするような楽しみを捨て、シニカルな生活におちぶれてみる。およそ風貌のよくない服装をするかと思えば、最新の芸術的に注目されるようなユニークな服装をしてみたりする。独特な語調で語り、賛成意見を述べるとき、また反対に批判するときに独特な仰々しい方法を用いる。このような何にも依存していない多様性と結びつき、ある程度世間でも認められ、人々からも許されている学生たちの共通精神、これがまさに学生の自由の本質であり、その他のものは、まさにその付録のようなものである。

問題がそのようなものであるならば、ひとはおそらく、この自由がなぜよい評判を得られないのか、なぜこのような自由を与えてはならないのかと問うにちがいない。そこから生じる個々の問題のいくつか、たとえば行儀の悪い行動や両親の財産の浪費などは、有産階級の青少年にとっては小さなことであり、それは大学とは無関係な問題である。大学が設置されている地域の住民の受けるさまざまな不愉快な思いは、たいへんローカルな現象であり、そのようなことは他のさまざまな場所でも若者がいれば多かれ少なかれ起こっている。このような状況を防ぐための努力は、一部は警察の課題であり、一部は教師や学長の影響力に期待されるところである。この自由は、自ら形成されたものであり、大学のもっとも内的な精神と深く結びついているものであるように思われる。大学以外の社会で同一性が強調され、個性の喪失が強くなればなるほど、大学での倫理の多様性と独自性とが特別に目立つようになるのであるから、この自由の問題は意味深い分銅の機能を果たしているのであり、もし決定的な理由がないのであれば、ひとはこの問題を放置しておけばよいのである。多くの人々が不本意ながら、いやいや、従来の煩わしいしきたりに従わねばならないこと、また下層階級の人々がより上層の人々に対して服従しなければならないということは、真理、そして物事と人生の本質を求めている若者たちからすれば、臆病で、怠惰で、いやしい利己心以外のなにものでもない。このようなことに学生たちが気づき、より強力に、そして実践的に抗議していることを私たちが容認することはできないのであろうか。

それゆえに、このような意味での自由の重要性は明らかであるし、その意義を見出すことは容易なことである。一般的に言ってひとは大学時代に自分の特別な才能を決定的に知り、そして自分の天職を見出し、誰かに従い、服従する立場から自立的な存在となり、感情が特定の方向へと定まり、はっきりした好みがあらわれ出てくるようになる。大学時代に若者が自立へと向かうこと、自由な選択による人生の形成が表面化してくることは当然のことであるし、本来的なことであるし、これらのことはすべての人において、多かれ少なかれあらゆる領域において生じることである。しかし認識ということに人生をささげた者たちにとって、独自性の発達は、低レヴェルにとどまるのではなく、認識の探求者にふさわしい段階にまでいたらねばならないので、とりわけ個性的でなければならないだけではなく、昔からささやかれているように、知識人ほど自分の足もとの問題が見えないのだということになってしまわないように、認識の事柄それ自体を、すなわちいまの自分自身を、そしてどのようにしてこのような姿にいたったのかをもっともよく認識していなければならない。それゆえに若者たちの個性が、共通なものによって押しつぶされてしまわないように、若者を家族から切り離すのであり、知識をもった者として自立性が確立されるまでは、若者たちを巨大な権力の僕にしてしまわないためにも、国家との関係からも引き離しておくのである。しかし若者たちが、自らに固有の道徳的感情によって支配され、まだ知らないこの世のさまざまな共同体が生み出した外的な倫理にその嗜好が制約されていないなかで、さまざまな生活の方法や秩序を試みても、どのようにして人生における喜びや愛が生まれるのかということを経験しえないのであれば、それはまったく無駄なことである。むしろ若者はさまざまな生活の方法や秩序を経験して、その帰結としてはじめて自らの立場や生活の方法を正しく選択することができるようになり、またその本性に適応しないような他の結びつきは選ばないようになる。この自由によって、自らの固有の倫理的な感情をコントロールし、行きすぎず、また自らの尊厳を損なうようなことはしてはならないのだと悟ることが必要なのであるが、それができない者は、明らかに大学に属するにふさわしくない者である。そのような青少年は、尊厳というものをたとえもちえたとしても、簡単に手放してしまうような者たちである。人々はこのような尊厳は大学で失われたのだと考えているようだが、そうではない。このような人々の倫理は、外面的な訓練や習慣をひどく強制されたことによって生まれてきたものなのである。真理を求める者たちが大学の構成員であるべきなのであり、その他の者が構成員になるべきではない。また大学の構成員自身は倫理的であり、高貴な者たちである。このような者たちは、低俗なものを虚無的で空しいものとして排除する知識をもっとも正しく受け入れることができる者たちである。もしこのような人たちがたまたま過ちを犯したとしても、また自然の衝動に自らを委ねるようなことがあったとしても、この人は破滅にまではいたることはないし、人々がその人に見切りをつけたり、愛したりすることを止めねばならないようなことになることはほとんどない。しかし外部から強制されてもたらされた倫理しかもちえない者は、真の知識をもつことはできない。それどころかそのような者たちは、大学のより低次元の学生たちにもぜひ与えたいと願っている見識や教養さえも得ることは不可能なのである。このような者たちによって大学が被害を受けていることは明らかなのであるが、それを真の大学という機構の構成員たちが必要としている自由のせいにしてはならない。

しかしこの自由の内的なものだけではなく、自分の外的な面をも取り扱い、この自由が性格に対してだけではなく、倫理に対して及ぼす問題についても考えねばならない。倫理というのは内面的な道徳性の現われのことであり、それが一般に共通のものとして形成され、多くの人々の規範となることで、多くの人々の共通の道徳性の現われとなり、それぞれの社会、あるいはその社会の一部分がそれと関係をもつものとなる。もしこの倫理をより純粋なものにし、またその倫理的な意識をより明確なものにしようとするならば、倫理やその生活への適応は不変なものではなく、むしろ変更可能なものでなければならず、それは実際に作りかえられねばならない。ここにドイツのよい面と特徴がある。というのも、ドイツでは以前から倫理の形成は、外面的な上流階級（この上流というのは単に習慣的なものでありそれは改訂できるものであるが）によってではなく、その営みのゆえに、認識を根源的に形成する力をもっている知的階級によってなされてきたからである。これらの階級の人々は、自らの周囲の人々に対して、直接的で自由な生活スタイルを広め、それがさらに上の階級へ、そして下の階級へも向かうようになったし、新しく生まれてきた慣習や伝統について、そのうちどれが取り除かれるべきであり、どれを受け入れるべきかを、慎重に調べながら、判断してきた。まさに大学において認識を形成しようとしている者たちは、同時に将来、倫理をも形成する者でなければならない。私たちはこのような人たちが、先祖代々の家で服従していたことから、将来の仕事での諸関係における服従へと、つまりただ服従から服従へと進んでゆくことを願っているだけでよいのだろうか。これらの人々はただ自らが形成すべきものに服従していてよいのだろうか。むしろこれらの人々は習慣への服従ではなくて、自らがそれを形成するような影響力をもつことへと転換してゆかねばならないはずである。まさに、強制からの自由を感じ、まったくこのようなもののなかからもっとも適当だと思われる固有の倫理を形成するという出来事が起こらねばならないのである。これらの人々はいつまでも強制的な慣習に留まることはできないのであるから、将来のための倫理的な諸関係を学び、そしてそれに適応しうる自分を見出してゆくのである。それゆえに大学はさまざまな地方からやってきた人間の集まる場所である必要がある。そこでは自由の問題は、わたしたちの間でもっとも欠けている、共通な形式における個別性の自由な表現という方向に向けて働くのである。注意深い人であれば、学生たちの自由が、これまで見てきたようなことを行なうために必要な具体的な手段であることを認めるであろうし、とりわけ、若者たちの認識がこの点に向けられることで、本質的なもの、価値あるものを、偶然的なものやむなしいものから区別する具体的な手段を提供していることを知るであろう。また若者たちは自由によって、一方でどうしても必要なことと、他方で現在の状況のなかではあってもよいものとを区別することを具体的に学ぶことができるのである。

若者たちが大学を出たそのあとで、はじめのうちは見よう見まねでうまくゆかず、あるいは社会での最初の挑戦はしばしば欠陥が多いのであるが、そのことは決して不幸なことではない。もし大学自体が学生と社会との関係を正しく方向づけてやるならば、このような誤った認識は回避できる。勉強をしようとする者たちは、その他の者たちから分離される必要がある。学生たちは一般的な社交的な関係のむなしさに取り込まれてはならないのである。しかし他方で人間はどんな階級からも孤立すべきではない。正しい基準というのは、ここでも自然なもののなかにこそある。教師と学生たちとの交流が生き生きとしていて、正しい調子でなされているのであれば、またこのような交流に参加しうる少数のものたちが、学問以外の他の面でも、他の学生たちによい影響力を及ぼすような品性を発揮しうるなら、また古参の学生が新入りの学生に対して、学生の自由の本質を妨げることなしに、正しく自らの力を行使できるならば、ここでも正しいことが次第に妥当性をもつようになり、理性的な基準から見て低俗で、無作法な性質は次第に消え去ってゆくことになるであろう。

よかろう。これらのことはよいのであるが、人々はさらに二つの大きな、そして本質的な問題について批判している。それは学生たちの自由から生じたものであり、この問題についてまったく沈黙してしまうわけにはゆかないであろう。

そのひとつは、学生たちは、学生的ではないあらゆるものについては、それらをすべてまとめて、卑俗なものとして取り扱い、明らかに刑罰を科せられるような発言をするということである。しかしそこのような発言には真実なものもその根底に見出される。それは学生たちがそれを自らのなかで発展させようとしている高度な教養的な原理と、卑俗で、一般的で、教養と矛盾する大衆との対立であり、それは学生たちが、この大衆と生き生きとした関係をもっていない場合にはより強く意識されるようになるものである。倫理や精神的なものが卑俗なものに支配されることへの軽蔑や忌避感というのはむしろひとが正しく、深く心のうちに刻み込まねばならないものであり、この点についてはむしろ常に学生であることを誇るべきである。しかし、もし学生たちが、教養ある原理は常に自らがもちうるものであり、その他のものは軽蔑するような大衆のものだと考えるならばそれは誤りであり、抑制されるべき傲慢の現われであり、学生たちを社会から分離したことによって生じた帰結である。しかしその場合でも、全体としては、この若者たちの集団に正義がないと主張することはできない。というのも若者たちは、尊敬に値するものとして自らの前に現われるものには、それを正しく尊敬するということを知っている。それゆえに、ひとはこれらの青少年に正しい仕方で多くの高尚なものを、自由な形態で示してやるべきなのである。またひとは、これらの若者の隣人、教師、そして交流あるひとびとを、単純化してまとめて取り扱わないように注意すべきである。そうであればここでも誤用は、善いものを失うことなしに、取り除かれることになるであろう。

もうひとつは決闘である。これはたいへん自然で、そして避けがたい現象である。学問を探求し、その他のことは何の関係も好まない学生たちは、他のどんな個々人よりも国家との関係が疎遠であり、相互に市民としての関係をもつことが苦手な者たちである。また学生たちが知識において他の者たちより優れたものになろうとひそかに努力しており、最高の栄誉を得ようと努力しているなら、若者の熱情は、人格に対する侮辱的な行為に対してはきわめて過敏な反応を示すものであるが、学生たちは他の人々のように名誉に関する権利や法的賠償を求めることで問題を解決できないのである。このような場合には弁論を戦わせることになり、それがまた新たに感情を過敏に燃え立たせるようになるのであるが、通常は外的な栄誉に階級差があり、それと対応して加害行為についての賠償、あるいは刑量に違いが生じるということが世間では起こるのであるが、彼らにはそれが受け入れがたいことなのである。学生たちのように、学問に魅了された者たちは、自らが最高に価値ある者たちだと考えるのに、他方では相手を大目に見て許してやるとか、特別な関係をもつことをお互いに求め合わねばならないということが理解できないのである。だから自らがなす最高の善には、最高の栄誉が与えられるべきだと思うし、そうなるであろうと考えている。だからこそ問題が生じる。それは個人的な名誉についてであり、国家が法的には解決しえないことであり、あらゆる階級に見られる傾向でもあるので、問題を自ら解決しようとする傾向が生じてしまう。また、二人の間の決闘がこのような自己解決のもっとも一般的な形態としてあらゆる階級において長い間にわたって行なわれてきたので、大学で別の方法が行なわれるということはありえないことであるし、今後、まったく別の方法を考えたり、法律の運用と支配的な名誉感情とを相互に結びつけることも困難なことである。悲劇的なことになることはほとんどありえないのであるから、一般市民に、剣の響きという考え方があまりに恐ろしいものとして伝わらなければ、大きな問題にはならないはずである。しかしこの二人の闘いが避けることができないことだとしても、他方でそれによってさまざまな問題が生じていることも確かなことなのである。それでも、もし私たちが、私たちの手中にある方法を、問題の完全な解決を可能にする方法として用いようとしなければ、なおなすべきことは残されているのではないだろうか。まずは体育的な訓練が、とりわけ公認のフェンシングの試合が、技術的にも完成の域にいたるまで行なわれるべきであろう。それによって二人の決闘は危険性を減らすことになるであろう。それだけではなく、フェンシングの訓練によって、自ら練達さ、熟練の技、あるいは強さを身につけ、さらに賞賛を得ることにもなるので、より練達の者であればあるほど、その人は些細なことで、償いをもとめたりはしなくなるし、それをしなくても誰もその人が臆病なのだとは思わなくなるであろう。それによってその人の名誉心自体が、内側から変えられてゆくことになるであろう。それによっておたがいに殴り合う理由もなくなってしまうであろう。この問題には古代の知者たちが言うように(1)、身体を駆使しないで、魂だけを用いることとの危険性がともなっている。大学では身体を行使しないで、魂だけを使っている者たちが多いので、逆説的なことであるが魂を使わないで、身体ばかりを使う者たちが多くなってしまうのである。そして彼らが属する身分に対する外面的な名誉心がますます強くなり、ますます興奮し、過激な形にいたり、実際の殴り合いが始まる。しかし、もし身体と魂の両者の均衡が正しく保たれるなら、二人が闘わねばならないという状況は少なくなってくるのではないだろうか。国家も、大学も司法としての機能を自らが行使しうるのであるから、決闘を容認することはできない。国家も大学も、フェンシングの訓練を受けていない者、あるいは体育的な訓練を受けていないのに決闘をしようとする者、さらには剣による決闘よりも危険なピストルによる決闘を試みようとする者に対しては、それを放任すべきではない。適切な注意を喚起することを怠らないのであれば、この危険な遊戯は、名誉心を傷つけることなしに、可能な限り制約された領域においてなされるようになるであろう。

（1）Platon, Timaios 88b-c, Opera Bd. 9, S. 427.

6　学位を授与することについて

学位は間違いなく、私たちの大学のもっともふるぼけた制度である。学位授与に際しての公開討論のスコラ的な形式も空しいゲームのようなものになってしまっている。なぜならひとはこれを厳格に扱わず、なおざりな扱いをしてきたので、大学が授与する学位の信頼性はなくなり、それは手厳しい風刺の対象となってしまった。この世の中でもっとも早いもののたとえとして、学生が哲学博士へと姿を変えることがあげられるようにならなければよいのだが。しかしこのような一般にみられる誤った不信の最大の理由は、国家がこの学位を正しく評価していないからである。すなわち国家は大学での学位だけでは満足せずに、さらに試験を課すことなしに裁判官や医師の実践を許可しないのである。これは国家の大学に対する不満をよく示している。しかし他方でひとは、国家がそれにもかかわらず大学を認可し、援助を与えていることを不思議に感じるに違いない。小さな帝国直轄領や帝国自由都市などの大学をもたないところでは、学位に対する尊敬が残っているのであるが、それは事情を正しく認識できていないので、学位という理念について額面通りの敬意が払われているだけなのである。しかも学位の正式な公示は、大部分は国家と大学との馴れ合いの関係のなかで行なわれている。こうなってしまったのは、大学という組織が、それ自体の目的に対する明確な意識を持ち続けなかったためであり、また自らの改革を行なわなかったことによる。こんなことになってしまったあとでは、大学の尊敬を回復するためには大々的で、徹底的な改革を行なうほかに方法はない。もしそうなるのであれば大学が授与する学位も、失ってしまった面目を回復することができるに違いない。

学問に対する証明としての学位の本来的な役割は、これまで述べてきたことをふまえていれば容易に理解することができる。学者の共同体が、外部に対してもひとつの団体であることを示すためには、一般大衆のなかからしかるべき個人を選抜し、その人をメンバーに加えるための外的な手続きを明確にする必要がある。古典語学校では、このような選別は厳格に、また徹底的に行なうことができないので、大学入学許可を得たものは、入学を許可せざるをえない。それゆえに、この種の選抜は大学を終えたあとに行なうことになる。本来、学位とはこのような人々を大学が受け入れること、そしてそのような決定を行なうことと結びつくものであり、それ自体は、候補者と学者の共同体を代表するものたちが実際に相互に議論し、満場一致をもって与えられるものであった。この点から学位取得のために一般に行なわれる一連の手続きは説明される。すなわち学位を取得する個々の者たちが、原理としての学問の精神をもっていることがまず証明されねばならない。これは討論を通して、論争を通して、自らの考え方、また自らもつ内的な視点を明確に示し、自分が全体を統合する力をどの程度もっているかを示さねばならない。そのさい、討論においてなされる立論が学問的な精神に基づいているかどうかということは、弁証法的な説明の帰結に基づいて判断される。そのことは古くから格言でも言われてきたことである。(1) さらにその人は、学問をさらに発展させることができる能力をもっていることも証明しなければならない。具体的には実際の知識の個々の領域についてどれほど精通しているか、そしてその領域分の現状について、また今後必要とされている課題についてどれほど知っているかを証明しなければならない。このことの証明のために、博士学位論文を書かせるか、あるいは個別的な口頭試問を行なうのである。こうすれば、加入の審査をする側とされる側の間に悪い意志が働かない限り、両者が同じ一致した判断をすることができるようになる。審査する側もそのようにして生み出された論文によってその人の実力を直観することができるし、それを書いた者も自ら同じように直観することになるであろう。そのあとで個々人の学者の共同体への加入のための諸事がなされるのであるが、それはただ象徴的な意味をもっているだけであり、この時点ですでに手続きは終了する。

このように事柄はまったく単純である。しかしもし人が事柄をもう少し丁寧に取り扱おうとするとそれが単純ではないことがわかってくる。大学からは多くの者たちが送りだされるが、

---

(1) Platon, Politeia 534b, Opera Bd. 7, S. 167; Theaitetos 202b-c, Opera Bd. 2, S. 177; Symposion 202a, Opera Bd. 10, S. 228.

しかしそのような人のほとんどは、学問的な精神と才能を生き生きと結びつけることができる学者たちの構成員にはなれないが、しかしその人は自らの才能によって、知識を集積でき、優れた能力ももち、それぞれの固有の学問的な領域においてなされていることに尊敬も信頼もよせている人々であり、学問的な精神をもつ人々によって指導されることで、その才能をさまざまなことに適応することを期待されている人でもある。このような人々は学問の領域における労働者なのである。このような人々も学者たちの団体の構成員とみなすべきなのであろうか。もしそうであるならば、この人たちは学者たちの団体の本来の構成員とはどの点が違っていて、どのように異なった取扱いをすべきなのか。学者たちの団体は、このような人たちに、特権的な証明書を与え、この団体の正式な構成員たちに、それぞれの専門領域の有能な道具や手段として用いることができるという程度の推薦にとどめておくべきなのか。そのことは学者たちの団体の定義を広い意味で使うのか、狭い厳格な意味で使うかによって違ってくるし、こちらがいい、あちらがいいとは簡単には言えないことである。もともと学者の団体の本来の構成員自体も二つの区別がなされてきた。よく言われているように、学者の団体の構成員の才能には、より実践的なものと、より理論的なものとがある。さらに構成員の意識や生活の方法も、より学者的な人と、より政治的な人とがある。より政治的な人は、もちろん学問的な精神が徹底しているのであるが、学問によって手に入れた認識を、より実践的に適用してゆこうと考えるのであり、学問を学問それ自体のためになし、形成しようとすることよりも、学問と生活とを結びつけ、学問を生活のために応用しようとする。しかし学問を学問それ自体として営む人こそが、学者たちの団体のもっともすぐれた存在なのである。このような人が大学、そしてアカデミーに採用されるべきなのである。もしこのような人が大学やアカデミーではなく、公けの実務の一部を担うようなことがあるならば、それはすでに述べた政治的な教師たちと同じようになってしまい、学問それ自体の次にくる副次的な事柄を取り扱うことになってしまう。学問それ自体を営む人こそが本当の博士である。その人は専門領域の博士として、より高度なレヴェルで、それぞれの特殊な領域の学問についての十分な知識を行使し、それを取り扱い、それを営むだけの高い能力を求められている。その人には、それぞれの専門領域の知識が重視され、常にその領域で一目置かれるような能力と方法を持ち続けることが要求される。博士というのは、その称号を手にするときにはすでにその存在は一般に注目され、その学問が営まれる間は、その名がまったく忘れ去られるなどということがないようなものでなければならない。博士の学位のための試験を受けようと考える者たちは、さらにその後にその人がなさねばならない教師としての職務の才能があることを証明しなければならない。それゆえに、その人に、学問的な討論か、規定の対象についての講義の一部分をやらせるかの選択をさせ、それを証明させるべきである。あるいは、このような試験のためにはあまり選ばれないが、もしそれを希望する人があれば、神学のスコラ的な時代にはよく行なわれていた公開討論会でも可能である。その場合には、そのような公開討論が行なわれる目的をはっきりさせ、候補者がそれを審査する者たちに、問題を明らかに示せる能力をもっていること、また相互に語ることが混乱せず、また誤解がないように話を展開できる能力をもっているのだということを証明すべきである。

学位を授与することについて諸学部との正しい関係というのはどのようなものであろうか。もっとも低い学位の証明や授与は、個々の特別な領域の内部で得られた知識を習得しているかが問題になっているのであるから、それはそれぞれの学部が行なうべきである。最高の学位である〔法学や神学や医学の〕博士号も、それに先立つ中級の学位からは自立したものであるが、それをもつ者に接続されるものであるから、同じように各学部から与えられるべきである。これがもっとも疑念の残らない、正しいやり方だと思う。人々は、自らのうちに学問的な精神を感じたなら、そのような特性の外的な表象を得ようとするのではないだろうか。〔それが最初の段階の学位である。〕しかしもうひとつの問題である、その人の性格や才能が実践向きなのか、あるいは理論向きなのかということについては、一般的にはかなりあとになってはじめて明らかにされるものである。それゆえに最高の学位を得ることは、それぞれの特別に専門的な学部の領域にだけ関わる問題となる。このことを前提に考えるならば、博士号の授与は各学部に委ねられるべきなのである。しかし、どのような学者たちの共同体にも加入できる、そういう意味ではまさに第一の学位である哲学博士は、いったい誰が出すことができるのかはよく考えてみなければならない問題である。すなわち個々の専門学部が哲学部と共同でそれを出すことができるのか、それとも哲学部が出すのであろうか。哲学部が出すという場合でも、哲学部だけが出すことができるというべきなのか、それとも主として哲学部が出すことができる、ということなのだろうか。これを考えるのにもっともよいのは神学部の例であり、何が事柄の本質的な問題なのかを明らかに示している。もっとも低い学位は、ただ成績の証明書に基づいて、神学部が出している。それとは違った他の二つの学位については、その学部が専門学校以上のレヴェルのものであるが、他の学部や哲学部との有機的な関係のもとにひとつの大学を形成していない場合には、神学部自体が単独で出している。しかし神学の博士学位の授与にさいしては、慣例として哲学の博士号をすでにもっていることが前提とされている。また哲学博士をもつものには、神学部が証明書を書き添えることで、神学のもっとも低い学位が追記されることになっていた。学者の共同体への加入にさいしては、少なくとも最初の段階では哲学部が関係すべきなのである。なぜなら、いずれかの学部が単独で、あらゆる学者たちの共同体とすべて対応することなどはできないからである。しかしこのような哲学部の内部にも、哲学部と他学部との関係と似た関係が見出される。というのも、哲学部のなかに、狭義の哲学が中心にあり、その外側に現実的な諸学問が存在しているからである。哲学部が学生に単独で出すことができる証明書は、歴史的な知識と自然科学部的な知識についての証明書だけである。というのも、より高度な哲学について、学問的な精神なしに、ただ知識としてだけそれをもつことができるとしたら、それは歴史的な知識だけだからである。もっともそのような者を誰も哲学者とは考えないであろう。哲学部では、学位の二つの段階が区別されねばならない。大学を卒業して、広い意味での国家行政や国家についての本来的な業務にあたろうとするなら、その人は十分な学問的な知識を身につけるべきではあるが、教師を天職と考える人ほどに完全な知識は必要ないであろう。この違いに応じて、すなわちその人が必要としている現実的な知識に応じて、試験科目を選べるようにすべきであろう。その場合には、狭義の哲学以外から審査をする者を選んでもよい。〔これが哲学部の学位のひとつである。〕しかしそれがもっともよい方法であるとは限らない。なぜなら、学者の共同体に加入できる者たちには、本来領域の区別は必要ないのであり、どのような領域について試験されることも可能でなければならないはずである。それゆえに哲学部で博士の学位を得た者たちは、個々の専門学科を証明するような名称をつけずに、みなただ哲学博士と称するのである。〔これが哲学部の学位の二つめであり、本来の哲学博士である。〕あらゆる学問の統合性ということを具体的に示し、それなしにはあらゆる物事が暗くなってはっきりしなくなってしまうものとしての哲学部は、学位を授与するという祝祭的な行為においても、この統一性を明らかに示すべきなのである。歴史の博士、あるいは美学の博士などを新設することは、考えてもみなかったことであり、お笑い種である。もし人がそれを導入しようと試みても、長くは続かないであろうし、それはすぐに過去の歴史的遺物となってしまうであろう。

これらの手続きにおいて本質的なことではないと思うのだが、私たちの言語は、初期にはいかにも下品な感じで、また非学問的であったために、これらのすべての業務がラテン語でなされるようになったということについても考えてみなければならない。確かにこのような形式になったために、多くの人々が、論文の代筆などの偽造をするようになってしまったのであるが、そのことが学位のレヴェルを維持するために少なからず貢献していたことは明らかである。学問が発展すればするほど、ますます使用されなくなり、歴史的なものとなった言語を私たちの学問的な表現のために用いることはおそらくなくなってゆくに違いない。それがなお使われるのは、文献学と、数学の領域だけであろう。ドイツ語で十分に説明できるものを、ローマの言葉を媒介にして説明することにどのような利益があるというのであろうか。文献学や数学以外の領域でも、学問的で、より厳密な表現よりも、より普遍性をもつ、美しい表現を必要とする公式の儀式などではラテン語は用いられるであろうし、またその話し手自身が、自ら、古代の人々の意識や視点を用いたいという場合にもそうであるかもしれない。

学位というものは、純粋に学者たちの団体の視点からみれば以上のようなものである。ところで国家はこれに関してなにをなすべきであろうか。あるいはこれについてはなにもなすべきではないのか。国家が、業務のために必要な知識や高度の教養をもつ者を得るために、学者たちの団体と関わり、それを助け、そして国家自らによって設置した諸教育施設を学者たちの手に委ねることと、国家がそれらを卒業した者たちに対して学者たちの団体の評価を信用せず、そこから出される評価や証明に基づいて手続きを行なわないということとは矛盾したことではないだろうか。国家は低次元の奉職と高度な奉職とを区別している。その場合、高度な奉職に適している人物を、はじめはより低次元の奉職の領域に放置しておくのはなぜなのだろうか。またこの低次元の奉職を長く、またもう十分だと言われるくらい長く行なった者だけが高度な奉職を担いうるという判断は正しいのであろうか。これはここでの問題とはあまり関係ないことであるが、確かにこのような区別があることは明らかであり、良く知られていることである。低次元の国家への奉職であっても、学問的な知識を必要とするいくつもの領域がある。その場合、大学が、学者たちの団体の名においてある人を、それに必要な知識をもっている人として証明したのに、国家が官吏を用いて、なぜもう一度試験をするのだろうか。官吏による証明が必要だというのであれば、なぜ官吏になるために、大学に行くことを義務づけているのであろうか。これらの重ねてなされる国家による試験というのは、個々人の学問の品質保証に属するものであってはならない。それはその人の特性や個々の能力を量るものにすぎない。そしてこれらのものは一定の訓練によって得られるものばかりである。高度な奉職のためには、よく磨きのかけられた知識の量が必要になるだけではなく、全体への見通し、個々の部分の諸連関についての正しい判断、多面的に形成された総合的な判断、すなわち理念や方法についての豊かな知識や経験が必要となるはずである。このような者たちが将来採用され、高度な奉職者として配属されるのであるから、このような人たちはみな学問の聖所である学者の団体に属すべき人たちなのである。国家は将来のために、この学問の聖所から奉職者を選ぼうとする。だとすれば、この学問的な機関が出す証明が、目的にかなって、厳格に授与されているのであれば、国家はそれをまずなによりも信頼すべきなのではないだろうか。貴族として生まれたもの、あるいは一般の階級の出で、高度な仕事に就こうとする者たちは、〔自らを〕学者に向かないといい、逆に学者にふさわしい者たちは、学問それ自体への志のゆえに、国家に奉職することを嫌い、〔両者とも〕学校のなかに埋もれてしまうというような先入観をもつことはよくないことである。むしろこのようなことは国家と大学がそれぞれに理解しあうならば、解消できることである。それどころか、国家に対する高度な奉職というのは、それにふさわしいもっとも優れた人によって担われるためにも、そのような人が志をもってその職に就くことをめざすようになるためにも、学位をもち、政治的な生涯にすべてを捧げようとする者たちに対して開かれているべきである。そして国家は、教師の資格を得て、とりわけ学問に献身している者たちを、専門領域に属するすべての事柄の助言者、あるいは監督者として用いるべきである。このような現在のさまざまな実践的領域での改革は、大学自体がその準備を進めるべき事柄である。大学は古いゴシックふうの形態にもう一度生命を注ぎ込まねばならないし、学位の授与をもてあそぶべきではないし、その学位をむなしい名称にしてしまうことも避けるべきである。

付録　〔ベルリンに〕新たに設置される大学について

国家としてのプロイセンは、縮小された領土のゆえに失われた、かつて〔ハレにあった〕フリードリヒ大学の代わりに、別の新しい大学を設立することを計画していて、人々が言うには、それがベルリンに決定したということである。ここに提示した私の考えは、その大部分はこのことをふまえて、まさにこのときのために書かれたものである。それゆえにここで起こっている出来事についていくつかのことを追加しておかねばその目的を果たすことができないであろう。

このような計画にいたったことはたいへん正しく、そして敬意を払うべきである。なぜならこの試みは、プロイセンが長い間担ってきた天職、すなわちより高度な精神教育に対して十分な働きをし、プロイセンがもつ偉大な力によってそれをより広く世の中に知らせるという使命を放棄するのではなく、むしろそれをもう一度新たに始めようということの証拠だからである。またこれは、プロイセンが孤立の道を選ぶのではなく、むしろ学問において、本来の全ドイツとの生き生きとした関係を持ち続けようという、堅固な志に基づくものだからである。プロイセンは二つの地方大学をすでにもっている。そのひとつのケーニヒスベルクの大学は、ドイツ人以外のためのものだと言われているが、今日ではプロイセン人が、ブランデンブルク人よりも少ないということはもはやなくなっているのであるから、これは北方の人々のための大学というべきである。もうひとつのフランクフルト〔・アン・オーデル〕の大学は南の諸領邦の人々のためのものである。この二つの機関はその本来的性格からして、これ以上には大きくはなりえないものである。というのも、プロイセンでもたいへん目立つし、またザクセン王国の大学でもそうなのであるが、ドイツの大きな大学がもつ強烈なインテリふうの個性を抑えるために、外国人を受け入れることが重要なのであるが、辺境地域であるフランクフルトはそれには適さない。むしろフランクフルトの大学は、はじめはポーランド人への政策的な機関としてよいものであったのだが、今日のプロイセンはそのようなことをもはやほとんど期待していない。これらの大学を意味あるものにするためには、巨費を投じて再建しなければならないであろう。しかしもしそうするのであれば、ひとは、なぜ国家は限られた財源を、不便な場所にある、まったくレベルの低い、そしてさまざまな面からもひどい機関のために使うのか、と問わざるをえないであろうし、またこのような困難な仕事よりも、同じ努力をするのであれば、新しい大学を設立することのほうがよいはずだと言わざるをえないであろう。

なぜベルリンなのか。専門家たちはおそらくはポツダムがよいと考えるのではないだろうか。

しかし特権を得た軍人や宮廷と結びつき、あらゆるこまかな問題が必然的に次々と起こる、首都に近い小さな町〔ポツダム〕に大学を設置することは、奇妙な考えだとひとは考えるであろう。またベルリンよりも、ブランデンブルクやハーベルベルクという国境寄りの中規模の都市の方が、外国人にとっても便利であるし、大学のための大きな基金が集まりやすいと考えるのではないだろうか。それなのにこの場所が決定されたのは、ベルリンがもつなんらかの利点のためなのだろうか。その理由を見出すことは簡単である。確かにここには、プロイセン国じゅうから、あらゆる種類の教養人、才能をもったもの、そして芸術家たちが集まっているからである。またベルリンは大学を助け、また大学と共同することによって、新たに名声を得て、より高い評判を得ることができるようになる可能性をもった多くの研究施設を有している。さらにベルリンは、教養ある生活形態が営まれており、それぞれの専門分野で、知識欲旺盛な青少年たちがあこがれるもっとも尊敬されるような人々を仰ぎ見ることができる場所でもある。学問と国家のために最大限の利益を捧げてきたこの国の大学には、これらのものが久しく欠落したままであった。しかし逆に、ベルリンにはこのような機関にとっての大きな欠点も存在している。たとえば町が大きすぎる。生活に必要なものが手に入りにくい。享楽に簡単に溺れやすい。さまざまな誘惑に満ち溢れている。この地ですでに学校を終え、またこの地の大学で研究し、その後は公職に就くことを志している驚くほど多くの青少年が、チャンスを手にできる日を待っている。人々は〔これらの問題を〕よくわかっているのである。多くの嫉妬や妬みに満ちた目で見られる新しく設置される機関には、自らの信頼を獲得するために戦わねばならない難しい問題が山積している。もしそうであるならば、本質的であるよりは、偽装されたような長所を守るために、このような欠点との危険な戦いをあえてすべきなのであろうか。意味あるものを失ってきた私たちは、簡単に考え方をひっくり返すのではなく、大学が信頼を得ることができるために、堅実な取組みをなすことによって、新たなはじまりを迎えるべきである。

すでに前政府の時代、すなわちプロイセン国家が新しい大学を創設する必要性をまったくもっていなかった時代に、大学そのものではないが、大学の代役を果たせるような大きな教育機関をベルリンに建設しようという計画が、教養ある文筆家で、宮廷で国王にご進講もし、演劇の演出をする「ヨハン・ヤーコブ・エンゲルという」人物によって提案された。明らかにこの計画は、豪華で、宮廷的な趣味をもったものであったが、実現することはなかった。大学を創設するという計画には、中心点が必要で、生き生きとした力が少なくとも必要であることを彼は理解せず、このとき計画されたさまざまな特別な専門的な学校を、この計画全体の一部として位置づけるということも考えてはいなかった。もしそれができていたら既存の大学と縄張り争いをするようなことがほとんど必要のないような大学ができたと思われる。しかしこの計画は実現しなかったのである。もっともこの計画の主眼は、古い大学の形式ばかりのゴシックふうの習慣やツンフト的なものを段階的に廃止しようというものであり、とりわけこの時代もっとも嫌われていたいわゆる学生気質というものを一掃しようとすることにこそあった。この計画は、明確な基準をもった必要性から生み出されたものではなく、このようにして創設されるべきものについての十分な見識ももっていず、どのようなものが本質的によいものであり、何が本質の誤用であるのか、そしてなによりもより根源的な問題は何であるのかということを考えてみない、憂慮すべきものであった。時間と体力が有り余っていて、このような重要な問題を解決のめどもたたないままに、いたずらに論じることで満足しようとする人がいるならば、それをやっていたらよいであろう。しかし賢明な政府であるならば、そんなことはしないはずである。厳密に学問的な領域でその豊かな学識を認められている人ではなく、学問的な対象について一面的な見方しかできず、ポピュリズムに傾いているような人、そしてこのような学問の弊害や誤用を厳格に排除し、本来的なものを現在においても保持し、さらに将来世代にもっとも優れたものを伝え、それによって真の意味での愛国心を結集させることができるような精神を破壊してしまうような人たちが提起した計画を用いることなどありえないのではないだろうか。〔エンゲルが試みたような〕実用的な諸学問を、哲学から切り離し、恣意的な理論のうちに基礎づけ、単純な経験によって説明しようとするような方法は、私たちの間ではすでに古ぼけたものとなっているので、そのような改革をなすべきではない。

新しい大学の場所として、ベルリンという元来他の場所よりも優れているわけでもない場所が選ばれたということは、なにかここでなければならないという必然性があったということ以外に説明できないことであるが、その理由は簡単である。急いで大学設立案を整備し、それを実行に移さねばならないのに、この大学の状況は、はじめから病弱で、とても長生きを期待できないような状態であるから、これ以外の場所で、成長が期待できるような大学を設立させるための物質的な手段を手に入れることなどできなかったのである。他にも財政が豊かな場所はあるであろう。しかし他の場所で、手っ取り早い方法で図書館、古代博物館、植物園、解剖学、鉱物学、獣医学の標本室を実際に集めるなどということはとてもできないことである。今日、このような施設をもたない大学が他の大学とその優位性を争ったりできるであろうか。これが少なからずの人々をベルリンでの開設という考え方で納得させた根本的な理由である。

もし特別な豪華さや栄光を誇るためではなく、なによりもまず大学を開学し、それを急いで、しかも堅実に発展させるためにベルリンに大学を設置するというのであれば、次のような順序で具体的な対応をなすべきであろう。すなわち、まずなによりも大学が自立した存在となるために必要なものを確保しなければならない。そして次にベルリンに大学を設置することによって生じる欠点について慎重に検討してみなければならない。そしてさらに、これらの必要なことがらの妨げにならないように、ベルリンに大学が設置されることの有利な点、またそれをどのように正しく用いるべきか、ということについても考えてみるべきであろう。

第一の点を扱おう。すでにベルリンに存在しており、しかも大学の開設のために必要とされている物理的な補助手段の取扱いである。もし大学が権力を使って、他の諸教育・研究機関の秩序に干渉し、協力を要請しないなら、新しく創設される大学は十分に自立した機関とはなりえないであろう。しかしもしそのような干渉や強制を強いれば大学が嫌われものになることは目に見えている。だから大学は、一般の市民と同じ資格で他の機関を使うようにすればよいのである。そうであるならなんの問題もないはずである。そうなれば諸機関にとっても、実際の利用者が増えることになる。問題は難しいことではない。たとえば既存の図書館を利用し、大学の建物の中に学生のための特別な読書室を設置すればよいのである。そして本は図書館からそのつど、教授の名前で、あるいは大学の名前で借りてくればよい。リクエストが多い本、そして一般の利用者のために王立図書館が引き続きの貸し出しが困難だと考えるような本のためには特別な小図書館を造り、そこで購入すればよいのである。その他の研究機関について言えば、現在の各機関の責任者を大学において、それぞれに対応する学問の教授として改めて任命することが一番よい方法であろう。実際に、植物学の講座には〔カール・ルートヴィヒ・〕ヴィルデノフがよいであろうし、また鉱物学の〔ディートリヒ・ルートヴィヒ・グスタフ・〕カルステン以上によい教授を望むことはできないであろう。他方で、大学と並んで、同時に鉱山についてのアカデミーや医学・外科学のコレギウムが設置されていることは望ましいことではない。なぜなら別々の監督者のもとに大学とまったく違った規定のもとにおかれた諸施設が存在することは、将来のために両者に手かせをはめるようなことになってしまうからである。それにもかかわらず、ひとつの学問分野を教えることは、ただひとりのその分野を独占的に取り扱える人が、ただひとつの立場からなしうると考えることも、大学における真の学問精神に反することであろう。たしかにこれらはたいへん難しい問題であるが、解決できない課題ではない。大学が、それぞれの諸機関が本来もっている本質的なことは放棄する必要はないし、既存の権利についても侵害しないという訓令を出し、それを保証することができれば問題は解決できるはずである。似たようなことはおそらく、大学と解剖学標本室や獣医学校との関係においても起こることであろう。しかし獣医学校の方は、既存の方法で、きわめて簡単に、そしてより適切な仕方で大学と統合できるのではないであろうか。

このような物理的な意味での補助手段のみならず、教師と学生の人選の問題についても、大学ははじめからその独立性を確かにしておくべきであろう。これは意外にも失敗しやすい問題である。個々の教師を、私はそうすることがまったく悪いことだとは言わないが、もしその大部分を他のなんらかの業務のためにベルリンに住んでいる知識人によって固めるとすれば、たとえそれらの人々が立派な人であったとしても、大学が自由な存在であるためにはよくないことであろう。実務的な仕事をしているということは、なかなかたいへんなことであり、それが組織化され、複雑な仕組みになっている場合にはとりわけ難しい業務であるので、一度この仕事についた人に大学を兼任してもらうとしても、その人はおそらくそれを単に副次的な事柄と考えてしまうであろうし、すでに何度も使い古された講義を繰り返しすること以外にはなにもできないであろう。そしてこのような人は、他の実務のために時間を制約されているので、勉強しようとする若者たちにとってもっとも適切な時間に講義を行なうことさえできないであろう。同じことは、専門的な学校や特別研究機関の教師たちを大学の教授として併任する場合にも起こる。彼らには教師としてまったく異なった、二つの仕事を身に着けねばならなくなるのだが、それはたいへん難しいことだと思う。それゆえに大学はこのような矛盾のもとに形成されるべきではない。講義が多くの教師にとって副次的な事柄となってしまうならば、その影響はすぐさま学生たちに現われ出る。そして大学は多くの良い点にもかかわらず信頼を失い、ほとんど役にたたないものとなってしまうであろう。そのような仕組みのなかでは、〔大学が〕行政上の所轄庁が運営する学校のようになり、教師は〔人としては〕立派であるが、すべての教師はただ副業として講義を行なっているので、苦情の多いものとなってしまうであろう。必要とされる教師は、徹底して学問的な仕事以外はもたない人、少なくとも行政的な仕事を担当しなくてよい人、すでに大学教師としての十分な訓練と見識をもっている人たちによって満たされるべきであり、とりわけそれぞれの学部の本質的な講義を担当する教師についてはそれが徹底されねばならない。このような条件が揃っている場合にだけ、大学は堅固な基盤の上にあると言いうるであろう。最後に、大学は、自らの子供をベルリンに滞在させられるような、裕福な親たちのみを想定して、両親の生活レベルに期待してはならない。このような方法では、大学は小金持ちの、贅沢好きで、だらしない学生ばかりを集めることになり、学生たちは学問に深い関心がある者たちばかりだと思い込んでいる教師の大部分にとって、喜びも愛情もあまり感じられない学生たちの集団になってしまうに違いない。いずれの大学も支援基金なしには成り立たないものであるが、ベルリンではそれがとりわけ必要になる。そしてもし大学がこれまでに述べてきたような原則できちんと運営されるのであれば、場をわきまえないような、乱暴で、貧しい者たちが、この支援制度を期待して集まってくるなどというようなことはないであろう。そしてベルリンの場合には、このような支援は現金ばかりではなく、直接生活に必要なもの、住居、食料、暖房のための燃料を寄付してもらうこともよいであろう。そのほうが私有財産を持ち出すよりも支援しやすいに違いない。またこのような本当に生活に必要なものを充当させてゆくことと同時に、ベルリンには必要な物資が不足しているという、ほとんど根拠のないような噂を払拭し、外国の人々の不安を取り除かねばならない。この点では、貧しい学生だけにではなく、優秀な学生にも公的な支援資金による援助金を受けさせることで解決することを私は強く望んでいる。さらに必要な対策としては、少なくともはじめは、公けの権威の下に、学生、家主、そして食堂経営者の間で適正な最低価格を決め、それを周知させ、そのうえでさまざまな値段のものを、自分の情況に合わせて、高いところ、安いところを見つけられるようにすべきであろう。また学生たちが、自分の生活のためになすアルバイトが、あまり過度なものにならないように配慮する必要がある。このことは他のところよりもベルリンで明らかに起こりやすいことである。しかしこのことについては、大学よりも、講義一般を監督している担当部署が注意すべきことである。

これらのことも学生の気を散らせるひとつのことであるが、ベルリンにはさらに一般的にみて、いろいろと学生の気を散らせるものが多く存在しており、それがこの場所に大学を設置するさいに注意すべき欠点のひとつである。しかしそれについてもひとが考えているほど悪い状況ではない。ベルリンの町それ自体、あるいはその周辺にある風光明媚な場所は、人はそれらを名所と名づけるが、おそらく新しいものとして珍しがられるのは最初だけである。最初のうちだけは、多くの学生もそのようなものに興味をもって見に行くであろうし、そのようなことが起こらないような大学はないであろう。もちろん今度の大学は、おそらく市内のにぎやかな中心部にではなく、勤勉な学生が集中して学べるような場所にまとめて設置されるに違いない。それゆえに、観劇や音楽会などの時間を浪費するさまざまな娯楽の影響が心配になるが、おそらくそれらはお金がかかり過ぎるものなのであまり気にしなくてよいであろう。学生たちが必要な支払いをせずに、自らの資金の大部分をこのような娯楽に使うことができないように監視しておけば、彼らは歳相応の娯楽に落ち着くものなのである。そしてこのことは、実際に未成年者たちに対する信用取引についての法律が施行されれば問題はなくなるであろう。実際ベルリンでは他の町よりも豊かであり、学生たちの支払いや家賃に依存して生活しているので学生たちの機嫌を損ねないようにする必要がある市民階級はほとんどいない。またここにいる多くの若者は、大学を終えたあとはどこか遠くへと行ってしまうので信頼がおけないというような者たちではなく、ベルリンに留まって、最初の職を探す人々であるから、まったく名誉にならない借金などはしないはずだし、この点についてはまじめな思いが支配するようになることはまず間違いない。支払い代理人制度などというおかしな考えを持ち込まないで欲しい[1]。確かに多くの人は、学生が親からの仕送り以外に収入を得る可能性はほとんどないし、その他の方法で収入を得ている学生はさらに少ないことについてはさまざまな報告によって知っているはずである。しかし支払い代理人制度は大学の精神にもっとも適さないことである。学生たちは人格の形成と、学問的な精神の確立とを同様に発展させるべきであり、青年たちは、それぞれの願望についての節度をもつことと、それとの適切な付き合い方を学ばねばならないのである。それゆえに、自分の支払いについて、自分の欲望ときちんと対峙する自由をもつべきなのである。若者たちは秩序ある生活の快適さを経験しなければならないし、秩序のない生活の危険性についても学ばねばならない。それによって若者たちは実際の生活において、経験の乏しいようなものではなく、むしろ何にでも対応できる人間として、個々の生活をより確かなものとしてゆくべきなのである。このような自由は必要である。もちろん個々のケースでは〔自由の〕誤用も見出されるであろう。しかし誤用は人生のあとの段階においても見出されることである。もし私たちがこのような誤用を避けるために、大切な、なくてはならない良いものまでも切り捨ててしまうというのであれば、私たちの事柄の取扱いや管理は間違っているに違いない。私たちの法律や警察というのは、本質的な長所を犠牲にすることなしに、可能な限り誤用を避けるための純粋な課題を与えるときにこそ、もっともその役割を果たしうるのではないだろうか。

　人々が、ベルリンでは大学にとって不幸な状況があるのではないかと考えている理由のひとつは性欲の問題と賭博癖のことであるが、これもすでに述べてきた原則的な態度が適応されるべきことである。それは確かに危険な暗礁である。しかしベルリンが他の場所以上により危険だというわけでもない。ベルリンが首都であり続け、これまでの習慣が変わることがないかぎり、この町には学生たちよりも、裕福で、浪費習慣のある多くの若い人々が住むことになるはずであるから、若者たちの倫理性を失った行為によって生計を立てようとするような人々は、当然ながら、貧しい学生などよりも、より裕福な若者を誘惑するに違いない。むしろ小さな町では、逆に、若者と言えば学生たちしかいないので、学生たちにこそ視線が注がれ、あらゆる誘惑は最終的には学生に向かうことになってしまうのである。しかしベルリンは大きな町である。それゆえに、これまで述べてきた他の町と比べて、ベルリンはむしろ問題が少ない場所である。明らかに、学生の居住地区のなかには、他の場所よりも悪業が盛んで、誘惑が多い場所もあるが、これらのもっとも磨きのかかった、豪華なものは、元来学生たちが持っているお金のすべてを浪費しても、とても太刀打ちできないようなものである。それゆえに、ここで問題となるのはただ二つのことだけである。ひとつは、あらゆる誘惑的な行為をする店舗に対する警察の監視のよりいっそうの強化である。たとえば、警察は、公表する必要はないが、学生が

(1) Allgemeine Landrecht für die Preußischen Staaten von 1794, Erster Theil, Eilfter Titel, § 674 のこと。テクストは Allgemeine Landrecht für die Preußischen Staaten von 1794, Frankfurt a. M./Berlin 1970 を参照のこと。

そこに出入りするような可能性のある賭博場を把握し、しばしば曖昧になっている取締りの権限を厳正化すべきである。また猥褻な事柄の訴訟は、学生たちの年齢には適用されないものであることを人々にも周知させるべきであるし、他の問題でも同じように適切な対応が必要である。さらに、学生たちを下品な社交や娯楽から解放するための、また学生たちがこの問題について羞恥心をもつようにするための対応がなされるべきであろう。なぜなら、学生たちが社交や娯楽で、このような下品なものに影響を受けていると、それだけより深刻な誘惑を受ける可能性が多くなってしまうからである。

このような私の提案は、重要な二つの問題と関連しているので、それを見過ごさないで欲しい。ひとつは、学生はどのような意味で、国家権力という上に立つ権威のもとに置かれるべきなのか、ということであり、もうひとつは、学生たちは社交的な場でどのような扱いを受けるべきなのか、ということである。第一の問題から言えば、今日見出されるような大学裁判所の不合理性を指摘しない者はいないであろうし、特にプロイセンの大学ではかなり以前からその不備が指摘されてきたことでもある。この問題を歴史的に取り扱うこと、また現在の状況が、最初の形態とどれほど異なったものになってしまっているかの判断は、ここではなしえないことである。しかし他方で、批判したり、不合理性を指摘するだけではなくて、一般の裁判所の側がきわめて厳しい判決を出す以前に、大学が自らに与えられた主権のもとに、学生たちに注意を喚起したり、そのようなことから遠ざけるようにする手段が必要なのである。それゆえに、大学裁判所と一般裁判所は協力すべきだと考えている。学生たちは法的に告訴を受けねばならない事柄については、もちろん一般的な官憲のもとに置かれるのである。しかし同時に大学は学長のもとに戒規委員会を設置し、大学が警察権に相当する対応を行使することで、〔学生を〕審判し、最終的には除籍処分にすることもできる。さらにそれだけではなく、官憲の側では、訴訟手続きに対して、法的対応を終えたうえで、学生とその問題を大学の委員会の側に移し、審議された決定を、裁判所の権威のもとで公けにし、その執行を大学の側に委ねることもできるのである。このような対応の仕組みが適切に機能するならば、これによって困難な問題を解決することができるであろう。二重の裁判権が認められているのであるから、学生が官憲による裁判権の適用除外者であってはならない。学生裁判所では、教師が上に立つ権威として、普段接している学生たちの裁判を取り扱うのであるが、そこでも学生はそのような特権をもった者ではありえない。従来の裁判制度によれば、このような場合、貴族には特権が与えられるが、大学でそれを行なうことはできないし、学生たちに対しては、さまざまな身分の違いを可能なかぎり取り除かねばならない。

第二の問題は学生たちの社交である。この点については、何をすべきか、ということについて語るよりも、どのようになってゆかねばならないのか、ということを語るべきであり、そのためにも公共の意見を聞くべきであろう。多くの人々は、学生たちが、ベルリンにおいては疎外感を感じ、あわれで、まったく意味をもたないような存在になってしまうのではないかと心配しているが、確かにそれは大きな欠点である。しかしすぐれた教師たちは、自らの優秀な学生たちを、社交的な交わりに引き出し、学生たちを自らが尊敬する人々、特に親しくしてくれる者たちに引き合わせることを自らの責務と感じているはずである。また多くの学生は、教師たちや友人たちの親族に紹介されないだろうか。つまり社交については十分に配慮がなされているはずである。むしろベルリンの巨大な社交界の軽率な雰囲気のほうが心配なのである。すなわちそこには社交というよりは、過度な享楽と結びついた社交があり、学生たちが急速に、また広範囲にわたってこれらの社交的習慣に適応してしまうことで、学生の自由やよき慣習が失われてしまうのではないかという心配がある。他方で、このような社交は一般的ではないと言わざるをえない。なぜなら、ただ選ばれた者たちだけが他の友人たちとは切り離され、社交界に招かれているのであり、その他の者たちはただ孤独を感じるか、あるいはより低俗な方法での社交へと向かってゆくことになってしまうのである。それゆえに、ベルリンにおいては、個性的で、自由な生活形態をもつことができるための学生たちの自治組合が必要となるのであり、それによって学生たちの共同精神を発展させ、学生たちに自分たちが祖国の希望を担うものとして、公共社会からの尊敬や注目を受けていることを自覚させる必要がある。そのために、各出身地別の団体を公認し、それを指導する必要があるだろう。このような団体は、一般的に言って、大学的な性格を備えているなら、また体育的な訓練が日常化しているならば、よりよく運営されるものである。大学の側ではこれらの団体の指導において、各団体がさまざまな方法で独自に世の中に公認されるようになることを妨げてはならないし、学生たちが、この出身地別団体をバネにして公けの場に出てゆこうとすることを嫌ってはならない。このような方法によって、むしろ学生たちの一般社会との関係を正しく維持してゆくようにしなければならない。

それによって、大学固有の精神と学生たちに必要な自由が保障され、保持され、ごく一部の豊かな学生たちが、他の学生たちとは違って、大学に入学しても諸学校の頃と同じように両親の家に住んでいるというような習慣は解消されるに違いない。なぜなら誰かがこの出身地別団体がもっている栄誉や尊敬を自分も享受しようとするなら、それに加わらねばならないし、大学時代になってもなお家族と一緒にいたいと思うことはしばしば嘲弄されることであるし、親から自立してこのような団体の会員になることは、学生としての意識を自由に発展させるためには必要なことだからである。また大学が食事や家賃の公的補助を個々の事情に応じて多くしたり少なくすることは、個々の学生を、各自の家庭の生活状況による制約から解放するのには役に立つことである。それゆえにベルリンの学生のために設定されている慈善的な資金はできるだけこのようなことのために使用されるべきである。

ベルリンに独自の、存在感をもった大学の出発的となる最初の施設が、これらの欠点をできるだけ少なくすることによって設置され、本質的なものが確保されることが明らかになるのであれば、次にベルリンに大学を設置する長所について考えてみるべきであろう。

まずなによりも、ベルリンは、大学が将来においても講師を集めるのにはもっとも都合の良い場所である。ただ思弁的な分野だけ例外であるから、他の場所から誰かを連れてくるのが最善であろう。思弁的な分野以外をみるならば、〔他の分野では〕すでに述べたように、学問的な教育を終えたあとになってはじめて、その若者の意識は国家行政のために用いるような才能と傾向をもっているのか、あるいは大学での講義に向いているのかを決めることになる。逆にごく早い段階で、あるいは外部の圧力によって、どちらかを決められてしまう場合もある。そして一度それを選ぶと多くの場合にはもとにもどることができない。ところが、行政の中央機関と大学の両方をもっているベルリンでは、学生たちは自らその両方をあらかじめ経験してみることができる。つまり学生たちは両方の境界線上で、可能性を開いたままにしておける。学生たちは、最初は内的な迷いのなかにあるが、一方の才能が他のものよりも優位なものだという思いが高揚し、自らそれを決定することができるようになるまで、両方を試していることができる。ベルリンでは、教師としての経験がごく短いものであってもそれが無意味に終わることはない。それどころか、一度は学問に徹したのち、行政の仕事に就き、それをしている途中で、なんらかの独自な考えを見つけ、それを確信し、徹底した、わかりやすい表現で講義を行なうことができるようになった人、あるいは学問を副次的に研究してきた人が学問のなんらかの個別分野でそれを深め、そして成果をあげて、自分の発見したことや独自の方法を、講義に役立たせることができると感じた人は、ここでは再び講義を行なうことができる。同じように、学問分野のうち、歴史に関する分野の教師は、その人の才能が大学のために独自の貢献をなしていたのはすでに過去のものになった場合、今度は学問の実践的、政治的な応用のほうにその手腕を働かせようとすることができるし、現実にもそのようなことが起こっているのを私たちは目撃してきた。このような転向が、ごく自然に、平然と、らくらくと、そして確実な経過のなかで行なわれる場所はベルリンの他にはない。それはここが首都だからである。それゆえにここでは、教師たちが最後まで働く姿も見ることができる。しかし教師としての喜びも実力もない人が他に適当な職が見つからないので、大学に属して、大学の役に立たない重荷になってしまうという悲劇を目撃することはない。もっとも、このような長所は国家が次のような認識にいたってこそはじめてよりよい仕方で意味をもってくる。すなわち、国家が、学問に生き、学問の理念に徹底した人は、必要な経験的知識をいち早く把握できる人であり、物事の本質を知識と結びつけ、その人がもつ高度な才能によって奉職期間の不足を十分に補うことができるような人として心から信頼するなら、また国家が、その全行政機関において低級の奉職者とより強い権限をもった上級の奉職者とを本質的に区別するなら、あるいは、国家が、大学の教師になろうと望む者でも、国家の高級官吏になろうとする者でも、それに適応するための必要な学位を得た者には、同時にその学位に一般的な保障を与えるなら、そして学位を得たような者たちは業務が嫌いで、業務には不適格なのだというような偏見を払拭するなら、ベルリンに大学を設置することの長所は生きたものとなる。そうなれば、ベルリンの大学は、他の大学よりも、いつも斬新で、実力があり、教育力があり、学んでいる若者たちと適切な関係をもつことができる教師を得ることができるようになるであろう。

また、ベルリンに設置される大学には、きわめて専門的な分野の教師から、知識の中心からもっとも距離をもっている技術の分野の教師まで、豊富に人材が得られるということも誇りうることであろう。そのことについては、すでにベルリンには高等学校、外科医学校、工業学校、鉱業学校があることを考えてみれば明らかである。これらはアカデミーであることを望んでいるが、それをアカデミーと名づけることはできない。そこではそれぞれに個別的な学問のための小さな実験装置の使い方から補助的な技巧までが教えられているのである。もちろん、これらの初歩的な知識も学生たちには必要なことなのである。なぜなら学生たちはそれを通して、自らの才能を試し、確認し、適度にそれを育てることができるし、自らが学んでいる学問の周辺領域について知ることができるようになるからである。それゆえに、これらの学校に籍をもつ教師に、自らの教育機関における本来的な科目について、大学でも講義をしてもらうために必要な許可を与えるなら、これらの施設を、大学はたまたま近くにあるから利用しようとか、不確かな約束のうえに使用するというのではなく、正式に利用することができるようになる。しかしもし大学がこれらの施設を大学として正式に利用したいのであれば、より大規模な整備が必要となるであろう。これらの学校は、現在のままではまったく特殊な機関であるように大学の側からは見える。とりわけ、これらの学校には専門の教師と並んで、一般的な学問を教えるための教師がいる。このような学問はさしあたってはこの学校では専門の科目と一緒に教授されているが、大学が設置されると、その部門は奇異な目で見られるようになってしまうである。それゆえにこの学校は二つの部分に分けられるべきである。ひとつはこの学校でなされている教育で、専門の科目に従事しようとする学生たちの受ける科目である。この高等な部分は大学に統合され、そこに通う者は大学の学生となり、教師は教授となり、講義はすべて大学で行なわれる。他方で、より程度の低い部分を教えていた人は、古典語学校と結びつくべきである。それによって古典語学校と大学の間の中間的な役割を果たし、大学とのより密接な関係をもつことができるようになる。古典語学校と大学は、それぞれの固有な性格を失うことなく、再び教育におけるひとつの全体とみなされるようになり、この首都において、この点でもあらゆる部分的な個性が全体の一部となっているというもっとも本来的で、意義深い形態を見せてくれるようになるに違いない。

最後に、同じことは、他方で学問を取り扱うアカデミーとの関係においても可能である。アカデミーと大学の間には、すでに見てきたように、自然な関係が存在している。大学の教師たちは、次第にアカデミーで仕事をするように移ってゆくし、アカデミー会員の大部分は時間に余裕がある場合には、個々に大学の教師としての役割を果たすことができる。このような交流は、ここベルリンでは、もっとも理想的な方法で機能するであろうし、両方の組織が外面的にもひとつの組織にされてしまい、それぞれが独自にもつ目的や本質を主張することをやめてしまうことなく、両方に正式に属している学者が、それぞれの人生のなかで暫定的な移動を行なうことが可能になることによって、両方の組織の友好的な結びつきが明瞭になり、学問的組織全体の統一性が具体的に示されることになる。これによって、私たちがアカデミーとアカデミー会員に対して望んできたこと、すなわちぜひ大学に対してよい影響を与えて欲しいということ、そして自らを絶えず、無制限に刷新してゆくための自由を保持したいという大学の願いを実現することができるであろう。そんなことをしたらアカデミーは年をとった教授たちのための老人ホームになってしまうという驚くべき見方があるが、その心配はないであろう。むしろ、アカデミーは学問の共和国における長老級の栄誉ある者たちの集まりと見なされるようになるのではないだろうか。また大学がこのような方法でアカデミーと結びつくなら、さまざまな専門的な学校との関係の場合と同様に、大学が一方的な必要性からこのようなことをやっていると相手が思い込んでしまったり、大学は他の施設は大学のためにその独自性を犠牲にすることが最善だと考えているなどと思わせることがないように気をつけるべきである。むしろ両者は相互に依存するのではなく、自立したものでなければならないし、両者の関係はそれぞれが望んだ形態であるべきである。むりになしたことは、この領域では正しくないことであり、通用しないものである。それゆえに、もしひとがすべてを失いたくないならば、まずは他者に依存しない、自立できるひとつの大学を設置すべきであろう。はっきり言えば、この大学がベルリンに留まっている理由は、大学の将来的な長所という視点ではなく、むしろ目の前の必要性のためなのである。それゆえに、この大学はベルリンに暫定的に置かれていると考えるのが一番よいのかもしれない。そのうえで、力を結集して、必要なものを集めるために努力すべきであろう。それでも、もしベルリンで、固有の欠点が乗り越えられないのであれば、いくつかの長所に惑わされていないで、大学は早期に移転すべきである。いつまでも幻想に基づく希望をもちつづける必要はない。むしろこのような決定を公けにしておき、必要なことが起こったらそれをすぐに実行に移せるようにしておくのである。それによって大学は大学の道徳性についての信頼を得ることになるであろうし、大学の独立性という基準によって、これまで述べてきたような長所を用いるための条件も整うであろう。そうすることによって、他の国家には見られない学問的な組織を創設することができるであろう。この大学に内在している力は、現在のプロイセン国家の領域を越えて、さらに広い地域に及ぶことになり、ベルリンは、プロテスタント的な領邦である北ドイツのすべての学問的営みにとって中心地となるであろう。将来に対するプロイセン国家の使命もこの視点から、確かに堅固に基礎づけられることになるであろう。このような視点に立つならば、小さな不安や悩みはみな消え去ってしまうに違いないし、このような計画を立てた政府が、一日も早くそれを実行に移すための確信をもちうるようにと願うものである。

訳者解題　ベルリン大学創設とシュライアマハーの『大学論』(一八〇八年)

はじめに——ベルリン大学創設をめぐっての神話とその脱神話化

一九〇九年一一月二一日のことであった。ベルリン大学神学部教授、帝国議会図書館館長、そして皇帝の正枢密顧問官であったアドルフ・ハルナックは、ヴィルヘルム二世への請願書のなかで、ドイツの文化行政及び学問政治に関わる立場から、帝国内に大学組織とは別に「自然科学の研究のためのカイザー・ヴィルヘルム研究所」と「学術振興のための王立プロイセン協会」の設置を申し出た。請願は皇帝によって受け入れられ、翌年ベルリン大学創立百年を期に、この研究所は創設されることとなり、ハルナックが初代総裁に就任した。このときの様子は森鷗外が『椋鳥通信』で次のように述べている。「十月十日の晩からベルリン大学の百年祭が始まつた。先ず寺院で礼拝があつて、そのあとで三千人の学生が松火行列をした。日本学生が交つてゐるのに、見物人がいたづらをした。雨が降り出したのを皆平気でやつてゐた。……ベルリン大学の百年祭で、十月十一日に帝の演説があつた。教育に関係のない、selbstaendige Forschungsinstitute を作つて Humboldt の遺志に協はしめる為め、約一千マルクを出すといふことである」。

鷗外が伝えているように、この研究所は「教育に関係のない」、それ自体自立した研究機関で、これは明らかに今日「フンボルト理念」として知られるようになった「研究と教育の統一」（もっともこれはフンボルト自身の言葉ではなく、彼はこのような表現は使っていないが）という考え方とは異なった考えであるが、ハルナックはこの研究所の開所記念講演のなかで、ドイツにこのような研究所が設置されることの意義を説明するためにプロイセン内務省の文教局長としてベルリン大学設置業務に関わった、言語学者ヴィルヘルム・フォン・フンボルトが執筆し、長らくその存在を知られることがなかった未完の草稿「ベルリンの高等学問施設の内的、外的組織について」と題され、のちに一般に「覚書」と呼ばれるようになった文章を引用している。

さらにハルナックは、百年もの間ほとんど言及されることはなく、このころ忘却の彼方から救い出されたこの文章のなかから魅力的な言葉を選び出し、さらに磨きをかけ、「プロイセンの学問と高等教育の現在の組織は、ヴィルヘルム・フォン・フンボルトの思想と原則に基づいている」のだと主張した。同じことは彼が原稿を書いたヴィルヘルム二世のベルリン大学開学百周年記念演説でも繰り返されている。ドイツの近代的大学の理念となったいわゆる「フンボルト理念」は、ベルリン大学創設に大きな影響を与えたフンボルトというイメージとともに世界じゅうに知られるようになり、このフンボルト理念こそがドイツの大学の改革に貢献し、ドイツの学問を一九世紀から二〇世紀にかけて世界の最高水準を誇るものへと発展させることになったものだと考えられるようになった。

ところがそれからさらに百年後、今度はベルリン大学がまもなく創立二百周年を迎えようとしていた一九九九年、リュディガー・フォン・ブルッフはベルリン大学の創設とその理念に関する衝撃的な論文を公けにした。それは「フンボルトからゆっくりと離れていったのか」と題された論文で、それによれば一八一〇年一〇月に開学したベルリン大学は、今日ではよく知られているフンボルトの理念に基づいて設置され、形成されてきたのではなかったというのである。すなわちフンボルトは実際にはベルリン大学が開学する前、一八一〇年四月二九日には局長の職を辞しており、その業務を後任となったフリードリヒ・フォン・シュックマンに引き継いでいるのであるが、彼はフンボルトの考えには必ずしも同調しなかったのであり、むしろ彼はシュライアマハーの大学論に共感しながら大学設置業務にあたったと指摘したのである。

またチュービンゲン大学のジルヴィア・パレチェクが二〇〇一年に「フンボルト・モデルというのは一九世紀のドイツの諸大学に普及していたのか」という同じようにたいへんセンセーショナルな論文を発表し、そのような事実はなかったという見解を示した。パレチェクによれば、フンボルトの理念が広く知られるようになるのは一九一〇年に刊行されたエドゥアルト・

シュプランガー編集による『大学の本質について』という論文集以降のことだということになる。シュプランガーはこの編著にヨハン・ゴットリープ・フィヒテの「ベルリンに創設予定の高等教授施設の演繹的プラン」(一八〇七年)、ヘンリク・シュテフェンスの「大学の理念についての講義」(一八〇八／〇九年)、そしてシュライアマハーの「ドイツ的意味での大学についての随想」(一八〇八年)を収録し、さらに彼による解説論文を付したが、そのなかでフンボルトの功績について言及した。パレチェクによれば、フンボルト理念は一九一〇年のこの著作まで、すなわち一九世紀の間はほとんど顧みられることがなく、それどころか「少なくとも一九世紀に刊行された事典や著書や論文には一度も引用されることがなかった」というのである。

これらの研究によれば「フンボルト理念」は、ベルリン大学創立百周年にさいして、シュプランガーによって発見され、ハルナックによって作り上げられ、広められた神話であり、学問政治的な理由から彼によって粉飾されたフンボルト理念が、あたかもベルリン大学のみならず、ドイツ的な大学形成の礎であったかのように説明されてきたのだというのである。

もっともこのたいへんセンセーショナルな研究も、より厳密に資料の検証を行なう必要である。たとえばフンボルトの名前は一九一〇年に再発見されるまではどの事典や書物にも引用されていないというパレチェクの主張も、たとえば彼女は大学の学内資料についてはほとんど検討していないことを考慮すれば、このような主張を展開する有力な証拠とは見なしえないであろう。またフンボルトによるこの「覚書」は倉庫に眠ったままであったという点にしても、おそらく一八〇九年七月一〇日に書かれた彼の「ベルリン大学創設に関する建議」という文章は、一八四六年に弟のアレクサンダーによって編集され、刊行された彼の『著作集』にも収録されており、こちらの方は大学関係者には知られていたことが今日では指摘されている。

ベルリン大学創立百周年に起こったフンボルト理念の「神話化の作業」と二百周年に起こった「大胆な脱神話化」はいずれも極端な解釈であったのかもしれない。いずれにしても、近代的な大学の出発点は一八一〇年にベルリンに設置された大学で、そのグランドデザインを描いたのはフンボルトであった、という見方はベルリン大学創立二百年を経て、いくらか相対化され、それと同時に、一八一〇年に設立されたベルリンの大学をめぐってはさまざまな大学論や大学の理念が書かれ、読まれていたということが改めて認識されるようになったことの方が重要である。フンボルトの「ベルリンに設置される高等教育施設の内的及び外的組織について」はアカデミー版全集でわずか一〇頁ほどの草稿であり、そのなかで論じられていることは、明らかに同時代に書かれたベルリン大学創設にさいしてのさまざまな意見書と同様の視点を共有するものであり、フンボルトはこの草稿を書く前に、それらを読んでいた。それゆえに今日「フンボルト理念」として知られている理念や構想は、フンボルト個人に帰する必要はなく、むしろより広くこの時代の「時代精神」やナショナリズムと強く結びついた「学問行政」との関係で理解されるべきなのかもしれない。そのことはフンボルトがまさに内務省の宗務・公教育局の局長であり、この時代の教育行政の調整役として、また諸見解の集約役としての責任を負っていたことを考えるならば、なおのこと重要だということが明らかになる。

そしてこの時代の優れた大学論としては、フンボルトよりも、むしろフィヒテやシュテフェンス、フリードリヒ・アウグスト・ヴォルフなどの大学論が知られているが、それ以上に当時の人々に広く読まれ、影響を与えたのは、本書、すなわちシュライアマハーの『ドイツ的意味での大学についての随想』であったと言ってよいであろう。その理由は、この時代の他の著名な著者による大学論は、内務省の意見聴取の一環として書かれ、提出された「意見書」であったが、シュライアマハーの『大学論』はそれらとは別に、またそれらの「意見書」が提出されたことを意識して、あえて一般の出版社から刊行された作品だったからである。そしてはじめは匿名で出版する予定で、この時代の有名な大学論や大学行政家たち、あるいは大家とみなされていた年長大学教授たちを大胆に批判し、揶揄する内容の本書は、広く人々に読まれたのである。そこでこの解題ではまずこの『大学論』の著者であるシュライアマハーの生涯を本書出版にいたるまでに限定して概観し、そのうえで、この「大学論」の特徴について述べてみたい。

1 『大学論』を出版するまでのシュライアマハー

この『大学論』の著者、フリードリヒ・ダニエル・エルンスト・シュライアマハーとは誰なのか。彼は一七六八年一一月二一日、聖職者で、当時従軍牧師であった父ヨハン・ゴットリープ・アドルフとその妻エリザベート・マリア・カタリーナの長男として、ブレスラウで生まれた。この夫婦には四人の子供が与えられたが、フリードリヒ・ダニエル・エルンストは第二子であり、彼の生涯を理解するために貴重な資料となっている数多くの書簡を残したフリーデリケ・シャルロッテは、彼の三歳年上の姉である。

父方は多くの聖職者を輩出した家系で、彼の祖父のダニエルも牧師であった。彼のファーストネームのひとつは、この祖父から受けたものである。ダニエルははじめシャウムブルクの宮廷付き牧師であったが、一七四一年頃からエバーフェルト近くのロンフドルフで敬虔主義グループのなかでも急進的で、どちらかといえば熱狂主義的なゼクテと関係をもつようになり、熱心な活動家となった。のちに彼はそのゼクテの内紛に巻き込まれ、オランダのアルンハイムの親戚の家に逃れねばならなくなった。ちなみにこのダニエルは、すでに述べたような奇抜な活動を繰り返したために有名になり、J・H・ユング・シュティリングの小説『テーオバルト、もしくは狂信』に出てくる説教者ダーリウスのモデルとなった。

父ヨハン・ゴットリープ・アドルフもダニエルがこのゼクテと深く関わっていた時代に神学の教育を受けていたので、当然、将来このゼクテの説教者となる予定でいたが、父がこのゼクテと決別したために、この急進的な敬虔主義とは距離をとり、その反省からか、逆に啓蒙主義的な神学に惹かれるようになっていた。

母方の祖先はオーストリアの出身であり、そのプロテスタント信仰のゆえにザルツブルクを去らねばならなかった聖職者の家系である。母方の祖父のティモテティウス・クリスティア・シュテーベンラウホはベルリンの宮廷付き牧師であった。母の兄で、彼の伯父にあたるサムエル・エルンスト・ティモティウス・シュテーベンラウホも牧師であり、大学で神学を教え、のちには改革派教会のギムナジウムの校長も勤めている。彼のファーストネームのうちエルンストはこの伯父から受けたものである。ちなみに彼のもうひとつのファーストネームであるフリードリヒはこの時代の多くの少年がそうであったように、フリードリヒ大王からとられたものである。

彼の初等教育は一七七三年、つまり彼が五歳のときにはじまった。父は従軍牧師であり不在のことが多く、幼児期・少年期の彼の教育は母と母方の親戚によって担われた。彼はフリードリヒ学校に入学したが、詳しい事情はわからないものの、一〇歳から一二歳の間は学校教育を受けていない。それはこの当時ではめずらしいことではなく、むしろ一七八三年になってプレスの寄宿学校に移り、そこで語学の基本的な教育を改めて受け直していることのほうがめずらしいことであろう。

祖父ダニエルの急進的敬虔主義グループからの離脱後、むしろ啓蒙主義的な神学に惹かれていたヨハン・ゴットリープ・アドルフは、このころ再び熱心な敬虔主義のグループに接近し、魂の再生を経験し、子供たちをヘルンフート兄弟団の所有するニースキーの教育施設で教育することにした。それが一七八三年のことである。

この敬虔主義の教育の影響は生涯シュライアマハーの神学と信仰とを規定することになった。国民教会体制のなかでの敬虔主義運動はときとして厳しく既存の教会制度を批判することになるが（また曾祖父の加入したゼクテのような急進グループもあるのだが）、基本的には批判にもかかわらず教会のなかに留まる。その点で敬虔主義は啓蒙主義と異なっている。ドイツの啓蒙主義的な神学者たちは、キリスト教という宗教を否定はしないのであるが、教会という制度を否定してしまう。それゆえに「教会的ではないが、キリスト教である」ということが可能なのであり、啓蒙主義者たちは「教会なしのキリスト教」を提唱し、キリスト教であることは否定しないのであるが、「教会的キリスト教」と対立して教会の外に立とうとするのである。シュライアマハーはその両方の影響を受けながら自らの立場を確立したと言ってよいであろう。

さて、シュライアマハーは、一七八五年にはエルベ河畔バンビーにある同じくヘルンフート派の説教者養成学校に進学し、そこで二年間在学することになる。それはこの時代の有力な敬虔主義的グループであるヘルンフート兄弟団の聖職者や教師を養成する組織で、当時の分類ではしばしば下級神学校と呼ばれていたもので、少し時代はあとになるがヘルマン・ヘッセが村の奨学金を受けて入学したシュトゥッツガルト郊外にある神学校はこのバンビーの学校と同じ性格のものである。シュライアマハーもここで学び、将来聖職者となる日に備えるはずであった。しかしシュライアマハーはこの敬虔主義の神学教育に満足できなかったどころか、この時代に深刻な宗教的懐疑を経験している。また彼はこの神学校の敬虔主義が、たとえばイマヌエル・カントの著作を読むことさえも禁止するほどの偏狭なものであることに疲れを感じていたのである。そして彼は父についに次のように告白するようになっていた。「私は、自分のことを単に人の子と呼んだにすぎない方〔イエス・キリストのこと〕が、まことに永遠の神であったと信じることはとてもできないのです。そしてそのお方の死が私の身代わりとしての贖罪の死であったとはとても信じることはできないのです。」

しかしのちにこの懐疑を克服することでシュライアマハーは神学者となった。彼はこの種の宗教的な暗闇を通り抜けたのち、このことのゆえに信仰を捨ててしまうのではなく、このような懐疑のなかで、また近代のコンテクストにおける教会や信仰への批判に答えることで神学者になろうとしたのである。また哲学や合理主義的な思想に神学を解消しようとしたのではなく、「信仰的な知性、あるいは哲学的なキリスト教徒」であろうとしたのである。

それゆえにシュライアマハーは近代世界という大海のなかに「聖なる孤島」を作ろうとした固陋頑迷な敬虔主義者ではなく、また信仰と神学とを切り離して、あるいは教会と神学とを切り離して学問としての神学が成り立つと考えた啓蒙主義者でもなく、彼の言葉によれば彼は「より高次のヘルンフート派」となったのである。彼はのちにこの懐疑を乗り越えたときに次のように述べることができたのである。「ここではじめて神秘的な能力を開花させられた。それは私にとってまさに本質的なものとなり、懐疑主義のどのような嵐からも私を守り、そして救ってくれた。当時芽生えていたものが、いまや成長したのである。だから私はこういうことができる。私はいろいろあったが、再びヘルンフート派になったのだ。しかしより高次のヘルンフート派に」。

大学における彼の神学教育は一七八七年にはじまっている。彼はバンビーの説教者養成学校を辞して、ハレ大学神学部に登録した。それはあの懐疑のなかで、また伝統的な敬虔主義の教育に行き詰まっていたシュライアマハーに対して、敬虔主義的な立場に絶対的な確信をもっていた父が許し、切り開いてくれたひとつの妥協案であった。

彼は一七八七年から八九年までの合計四学期をこの大学で過ごしている。しかしシュライアマハーがハレの神学者から多くの影響を受けたとは言えない。この時代ハレで学ぶということは、誰もがヨハン・S・ゼムラーのもとで学んだと想像するはずだが、実は彼がゼムラーからなんらかの影響を受けた形跡はない。影響を受けたと言えばヨハン・アウグスト・エバーハルトの形而上学の講義からであり、彼はこの時代カントと古典ギリシアの哲学の研究に没頭している。

一七八九年、フランス革命の年、シュライアマハーはハレを去り、オーデル河畔にあるフランクフルトに転居し、そこで神学第一次試験に備えることになった。翌年この試験に合格したシュライアマハーは彼の審査官であり、のちにいたるまで彼の後見人となったフリードリヒ・サムエル・ゴットフリード・ザックの紹介で、シュロビッテンの伯爵であったフリードリヒ・アレクサンダー・ドーナ家の家庭教師となった。これは当時、大学教育を終えた優れた青年たちがしばしば得た仕事であり、彼は主として伯爵の次男ヴィルヘルムの教育に携わり、そこで貴族の家庭、社交界を経験することになった。

シュライアマハーは一七九〇年から一七九三年までこの家庭に留まったが、表面的には伯爵と教育についての意見が対立したために、表面化しなかった内面的な問題として姉シャルロッテにだけ告白した理由からすればドナー家の娘フリードリケに対する想いに苦しみ、この職を辞している。

彼はいったんドロッセンに住む伯父シュトゥーベンラウホのところに戻ったが、一七九三年から一年間、フリードリヒ・ゲーディケが校長をつとめ、プロイセンで最初に設置された教員養成学校で教師補となり、そこでギムナジウムでの講義も担当している。この時期、彼は本書でいう「学校」での教育と関わったのである。一七九四年に第二次神学試験に合格したシュライアマハーは一七九四年から九六年までをヴァールテ河畔のランスベルクで、牧師ヨハン・ロレンツ・シューマンの牧師補として教会の訓練を受けている。

その後一七九六年に、彼が二六歳のとき、ベルリンの改革派教会が彼をシャリテの慈善病院付きの牧師として招聘した。このときから一八〇二年にヒンターポメルンのシュトルプの教会に転任するまでの六年間は、シュライアマハーの神学の形成にとって大きな意味をもった時代である。彼はこの時代いわゆるネオロギーと呼ばれる啓蒙主義的な神学者たちと接近し、とりわけ啓蒙主義的な説教者として知られていたヨーハン・ヨアヒム・シュパルティングと親しくなった。また彼はドイツ社会における教会の宗教的な機能ばかりではなく、社会的な機能について関心をもつようになり、伝統的な教会制度への批判と改革案を含む政治的な発言や論評が見られるようになった。さらに彼をのちにスキャンダルのなかから助け出してくれるベルリンの宮廷付き牧師であったフリードリヒ・サムエル・ゴットフリート・ザックの指導と支援とを積極的に受けるようになっていた。また当時スェーデン大使館で働いていたカール・グスタフ・フォン・ブリンクマンの紹介で、彼はベルリンのサロンに出入りするようになり、ヘンリエッテ・ヘルツと友情を結び、フリードリヒ・シュレーゲルと出会った。

この時代に彼は初期の重要な著作、そして彼の代表作のひとつと見なされるようになった『宗教について』を一七九九年に、また翌年には『独白——新年のおくりもの』を出版した。彼はこの時代、政治的なリベラリストと出会った。当時ドイツにはリベラリズムの政党もなく、リベラリズムの伝統は、政治的にも宗教的にも教会のリベラリズムがそれを担っていたが、シュライアマハーは宗教的にも政治的にもリベラルなそれらの人々と親しく交流をもつようになった。それはリベラルなナショナリストたちであった。さらにベルリンのサロンでの初期ロマン主義者たちとの出会いも彼に新しい視野をもたらした。しかしこれらの経験は、彼を神学から解き放ったのではなく、むしろ彼に神学や説教が担うべき新しい課題、あるいは具体的に取り組むべきこの時代の社会的課題を彼に提示したというべきであろう。彼は神学と説教という彼が身につけた伝統的な手段によってこれらの新しい時代の要求に立ち向かおうとしたのである。

この時代はひとつの成功を彼に与えたが、彼は同時に多くの批判も受けた。シュライアマハーはこの『宗教について』を批判され、それは汎神論的でキリスト教的な神概念とは相容れないものであると酷評され、さらには彼がユダヤ人との交流をもち、サロンに出入りしていることも非道徳的で、宗教的に信頼できない行動として批判される。また彼の道徳的とは言えないこの時代の一連の交友関係や行動は聖職者としては不適切であるとも批判された。そのため彼は、牧師の職を返上し、世俗に戻り、この思想的にも道徳的にも不適切な生活を続けるか、あるいはせいぜい哲学者として、思弁的な宗教論を展開するようにと勧められもしたのである。しかしシュライアマハーはそれらの批判に答えるなかで、彼は自ら「牧師職をもっとも尊いもの」と考えており、それを「他の職と取り替えようなどとは一度も望んだことはなく」、「牧師職こそ私の生涯続けるべき天職である」と述べている。

その後シュライアマハーは、ハレ大学に招聘されるまで、ベルリンを去り、小さな地方都市シュトルプで暮らし、牧師としての勤めを果たした。この突然のシュトルプ転任の理由としてはさまざまなことが考えられる。この時代のシュライアマハーは、彼自身は豊かで、生産的な時代を過ごし、自らの見解を明らかにすることができた充実した時代と考えていたに違いないが、彼の神学を伝統的な宗教観の枠組みのなかで生きてきた人々は受けいれられなかったのである。また彼は新しい自由な人間関係を構築し、友情や愛に満ちた時期を過ごしたと考えていたのであろうが、人々はそのような行動は認められないと考えていた。とりわけベルリンの有名な牧師の妻との恋愛は、当時の人々からは聖職者にふさわしくない行動と見なされたのであった。それゆえに彼はベルリンに留まっていることができなかった。彼が転任したその町は、奇しくも祖父シュテーベンラウホが八〇年前に牧師として奉仕していた町でもあった。そこに彼はいわば追放されていたのである。しかしこの時代、彼はプラトンの翻訳に没頭し、かつて『独白』で展開したカントやフィヒテの倫理学への批判をより学問的な表現をもって再現した重要な著作である『従来の倫理学説批判綱要』を書いた。その意味では、この時代は単純にシュライアマハーの不遇な時代と見るべきではなく、むしろ彼にとっては生産的で、のちのベルリンでの仕事のためにも貴重な準備の時代となったのである。

一八〇四年になってシュライアマハーはハレ大学に招聘される。彼はその年すでに四五歳になっていた。これは当初、彼を新設のヴュルツブルク大学神学部の教授として招聘しようとする動きがあったことを知ったプロイセン国王フリードリヒ・ヴィルヘルム三世によってなされた対抗人事で、彼をヴュルツブルクにとられないように急遽ハレ大学神学部の定員外教授、そして大学教会牧師に任命したのであった。

ちなみにヴュルツブルク大学にプロテスタントの神学部が増設されることになったのは一八〇三年の政治的な変化のためであり、バイエルンにプロテスタントの教区が生まれ、聖職者の養成が必要になったためであった。この神学部の開設のためにハインリッヒ・エバーハルト・

ゴットリープ・パウルスが協力しており、シュライアマハーの招聘計画は彼の発案であったと思われる。彼はこの招聘計画が実現すれば、「神学的倫理学、及び実践神学のための教授職」となったはずであった。しかしフリードリヒ・ヴィルヘルム三世は、シュライアマハーを、改革派とルター派の合同という彼の重要な政治的な構想のひとつを実現するためにプロイセンに留めたのであった。

この教会合同の問題は国王の個人的な問題であったが、最大の政治的問題でもあった。その理由は、宗教的であるよりは政治的であったと言ってよい。改革派の信仰をもつプロイセン王フリードリヒ・ヴィルヘルム三世がルター派である王妃ルイーゼを迎えたのである。彼は宗派が違うので妻とともに聖餐式に与ることができなかった。だから改革派とルター派の合同が必要となったのである。この出来事から、一方でこの時代の社会システムのなかで宗教の私事化がどれほど進展していたかということが見て取れる。もはや国王の結婚問題に宗派や改宗の問題は重要な問題ではなくなっていたということである。他方で教会の教理の解釈や判断には政治的・社会的な要因の方が重要な意味をもつようになっていたのである。

シュライアマハーはハレに赴任するとすぐに精力的に仕事を開始した。また定員が空き次第、正教授として改めて招聘されるはずだった。ところがようやく大学での仕事が軌道にのりはじめた一八〇六年、ハレ大学はナポレオン一世によって閉鎖されることになった。大学の閉鎖にともなって彼は自由な教育活動を禁止され、さらに寒さと飢えに耐え、またフランス人による略奪に耐えねばならなかった。

ハレでの二年の間に、彼が行なった講義は教義学、哲学的倫理学、解釈学、キリスト教的倫理学、教会史序論、新約聖書解釈学などであるが、それと並んで彼ははじめて「神学諸科解題」と題した講義を行なっている。それがのちに『神学通論』と呼ばれるようになった神学エンチュクロペディーの講義の原型である。

その後、彼は一八〇七年五月には、ハレ大学教授の身分のままベルリンに呼び戻された。当初はなんの職にもついていなかったが、一八一〇年に開設される予定であったベルリン大学の神学部への招聘が予定されていた。そこで彼はフィヒテなどとともに一八〇八年から自由に準備講義と称して、さまざまな講義をいわば公開講座のように行なっている。

その頃ベルリンに高等学術・教育機関を開設するための準備を国王より命じられた正枢密顧問官カール・フリードリヒ・バイメは、一〇名の著名な学者に大学の構想についての意見書を求めた。しかしシュライアマハーはそのひとりには選ばれなかった。ところが、その一〇名のなかにハレの同僚ヴォルフの意見書があることを知ったシュライアマハーは、その年の年末にひとつの大学論を書き上げた。これは他の著名人たちの大学論のようにバイメへの意見書としてではなく、むしろ世論に訴えるために出版されたので、より多くの人々に読まれることとなった。それが本書『ドイツ的な意味における大学についての随想』である。それは明らかにバイメの構想への批判の書であった。

2 シュライアマハーのベルリン大学論

ヴィルヘルム・ディルタイは一八九〇年に刊行された『ドイツ伝記総合事典』の第三一巻に「フリードリヒ・ダニエル・エルンスト・シュライアマハー」の項目を執筆しているが、そのなかで彼はシュライアマハーとベルリン大学創設との関係、またシュライアマハーのベルリン大学での講義の様子についても短く、しかし有益な情報を提供している。ディルタイはシュライアマハーが「フンボルトの下、教育局において、ベルリン大学設立の最初の準備作業、近代的ギムナジウムの構想、ペスターロッツィの方法にもとづいた初等学校の改革などに携わり」、「一八〇八年に書かれた、優れた大学論以来、彼は個人的自発的にも、また職務上もベルリン大学の創設に関与した」と述べている。そしてシュライアマハーは「一九〇九年の年頭にフンボルトが教育大臣を引き受けて以降、ベルリン学術局の責任者として、教育部門の一員として、またベルリン大学設立委員会の委員として、そしてなによりも具体的人選におけるフンボルトの個人的助言者として、教育問題のあらゆる場面に、だがそれにもまして一八一〇年の大学設立そのものに多大な寄与を果たした。彼は、すでに設立以前、講義を通してもそれに貢献した」。

さてこのとき書かれたシュライアマハーの『大学論』の特徴は次の二点にあると言ってよいであろう。ひとつは大学と国家との関係である。シュライアマハーは学問と国家との相対的分離を主張している。彼がここで念頭に置いているのはフリードリヒ・ヴィルヘルム・ヨーゼフ・フォン・シェリングであろう。シェリングが一八〇三年に出版した『学問的研究の方法論』のなかで、哲学と芸術とは大学のなかでは学部などに制度化されない特権的な地位をもつのに対して、神学とそのもとに位置づけられる歴史的諸科学と自然的諸科学とは、国家によって学部化され、制度化されるべき実学（real Wissenschaft）であると主張していることをシュライアマハーは批判しているのである。

またシュライアマハーは、ナポレオンの大学論は中央集権国家の大学論であり、実際的利益を追求する利己的存在であり、知や文化が情報や技巧の量に還元されてしまっていることに批判的である。それは具体的にはバイメの総合研究機関設置構想への批判なのである。

しかし他方でシュライアマハーは、大学と国家との関係は単純な分離ではなく、大学は国家から相対的に自立しつつ、国家のあり方自体が学問研究の課題でなければならないと考えているのである。なぜなら学問が国家のもとに制度化、学部化、専門大学化されればされるほど、学問は国家の御用学問になるが、学問の高度な発展は他方で、国家のグランドデザインの質を高めることになると考えているからである。それゆえにシュライアマハーはのちに国家論を倫理学のカテゴリーのなかで詳細に、しかも何度も展開した。

『大学論』におけるシュライアマハーの重要な主張の二つ目は、哲学部と専門諸学部との関連である。従来のヨーロッパの大学は神学部、医学部、法学部によって構成されてきたが、これらはまさにシェリングによって哲学的に、またナポレオンによって政治的に構想されている通り、国家の庇護のもとに、国家の利益のために学部化され、営まれてきた実定的な学問である。それに対してシュライアマハーは国家の利益とは別に発展した歴史的諸学や自然的諸学を包括する哲学が大学の中心になり、この哲学部との有機的な関係のうちに、専門諸学部は営まれるべきであると考えたのである。

この有機的な関係については、具体的には、一方で専門諸学部の教授が哲学部でなんらかの講義をもつことを義務づけるという提案がなされている。そうでないなら専門諸学部は、国家の利益を追求するあまりに、「手工業的で、伝統的な、視野の狭い専門主義に陥るばかりである」というのである。他方で専門諸学部が、哲学との有機的関係をもつことで哲学が単なる思弁に陥ることを回避し、具体的・個別的認識に影響を及ぼすものでなければならないとも主張している。そうでないならば、「学問は純粋思弁となってしまい」、「狭い円環をどうどうめぐりする、内容や対象をもたず、いつも同じように最高原理ばかりを追求する、異常発育症状を示す」ことになってしまうからである。哲学と専門諸学部、純粋哲学と「自然学や倫理学」との有機的連関こそが、彼の『大学論』の重要な視点であった。

ところで、このベルリン大学の創設は、ナポレオンによるプロイセンの敗北という政治的激動期にプロイセンの教育改革、行政改革、そしてなによりも社会システムの近代化という国家プロジェクトの一環として計画されたものであり、クルト・ノーヴァックによれば、それは

「伝統という枠組みのなかに、新しい哲学的大学を形成し、さらに国家のグランドデザインに寄与するという壮大な計画」であった。

このようなプロイセンの教育制度改革を急ぐために、一八〇九年二月一〇日に最終的に内務省宗務・公教育局長に選任されたのがヴィルヘルム・フォン・フンボルトであった。シュライアマハーはフンボルト体制になる前から計画のあったベルリン大学構想に理論的に、実質的に関与していたが、最終的にこのプロジェクトを実行に移す責任を負わされたフンボルトのもとで、ベルリン学術局の責任者として、またベルリン大学設立委員会の委員として、この新しい大学の設立に寄与した。

ヴィルヘルム・フォン・フンボルトによる新しい人文主義的な大学形成と学問理念は、トーマス・ニッパーダイの整理によれば四つの柱をもっていた。第一に「学問とはまだ完結していない、永遠に完成しない何かだ」というものである。すなわち学問とは、新しい真理と認識を求めるものであり、それを研究と呼ぶ。そしてこの研究の成果の伝達においても、その知識を単純に伝えるのではなく、認識の原理に従って、生産的に、自主的に省察をめぐらすことである。第二に学問とは「全体的でなければならない」ということである。あるいは学問それ自体がひとつの全体性なのである。どのような専門学科においても、それぞれに、世界における人間の生の全体、その意味と総合、哲学と古典的人間性についての省察が求められているのであり、学問研究はこの全体性をもつときに、はじめて単なる手仕事から区別されることになるのである。第三にフンボルトによれば、学問は本来、自己目的的である。すなわちその実際的な効用や有益性とは第一次的には結びつかないものであり、目的にとらわれない自由な研究こそが必要なのである。そして第四に、学問は大学と必然的に結びつくというものである。目的にとらわれていない研究による学問の追求、全体性への省察がその人に教養とよき教育とをもたらすのである。それゆえに「国家や社会、社会的出自や将来の職業から来る強制や要請ではなく、孤独と自由とが大学の基本条件となる」。これらの理想を実現するためにフンボルトは、大学は専門単科大学に分解せず、応用に関わらない専門諸学科を哲学部によって統合し、それを専門諸学部を含めた大学全体の要にする、という構想をうち立てたのであった。

このようなフンボルトのベルリン大学の構想を受けての具体的な大学形成と設置実務におけるシュライアマハーの協力や貢献については、一八一〇年に暫定的な大学規則として制定され、一八一七年に正式な規則が公布されるまで効力をもっていた「ベルリン大学のための予備的な諸規則」作成にあたって彼が果たした役割が、一八〇八年のシュライアマハーの『大学論』のフンボルトへの影響と合わせて注目されている。前者はすべてをシュライアマハーが執筆したわけではないが、彼が担当したと考えられている前半の総論部分は近年シュライアマハーの大学論との関係で注目されている。シュライアマハーは優れた実務家であり、秀でた政治的バランスとセンスとをもった神学者であった。

とりわけフンボルトとシュライアマハーのベルリン大学創設に関する明らかな共同作業は、

一八一〇年にフンボルトが提出した建白書「ベルリンにおける高度な学問施設の内外組織について」において明らかである。フンボルトとシュライアマハーが必ずしも意見の一致をみていたとは言えないが、一八〇八年から一八一〇年まで内務省主管であったアレクサンダー・ドーナの推薦もあり、フンボルトはシュライアマハーの構想と行政上の能力を高く評価するようになっていた。もちろんフンボルトの大学形成の基本的な理念のすべてがシュライアマハーの大学論と重なり合っていたわけではなく、またシュライアマハーはフンボルトの考え方には必ずしもすべて賛成しているわけではない。しかしこのようなフンボルトの構想がベルリン大学形成に向けて一八〇九年には急速に浸透していったことは確かであり、それによってシュライアマハーの構想も部分的に実現したことは明らかである。

彼らの哲学的大学構想が、ベルリン大学設立に中心的な役割を果たすようになった理由は、その理念が受け入れられたというよりは、この時代の社会的要因によるところが大きいと言うべきであろう。とりわけシュライアマハーは大学論における国家との関係に敏感であったので、自らの大学論が単純に国家によって用いられることで、それが御用学問になってしまうことを回避したいと考えていた。それゆえにフンボルト、あるいはシュライアマハーの大学論がこの時代の代表的な議論であるとか、主流派の議論であると見るのはクリスティアン・アルブレヒトが言うように誤りであろう。それにもかかわらずシュライアマハーの大学論が、この時代の大学作りのみならず、新しい国家形成において意味をもつようになったのは、社会的要因に基づく偶然的な要素が重なっていると言うべきであろう。

すなわちシュライアマハーやフンボルトがベルリン大学の形成において影響力をもっていたとしたら、その第一の要因は、一八〇六年以降は、ナポレオンによって見出され、フランスによるプロイセン支配の協力者でもあったユリウス・フォン・マッソウが担当大臣を解任されていたことによるのであろう。マッソウは実用的な専門大学としての「総合教育機関」をベルリンに設置することをもって大学改革を推進しようとしていた。しかしマッソウの失脚によってその構想はいったん白紙に戻されることになった。第二の要因は、マッソウの解任後、さらにベルリン大学開設を推進していた担当大臣のカール・フリードリヒ・バイメが失脚したことにより、大学設置実務のすべてが直前になってフンボルトの手に委ねられることになったという消極的、偶然的な要素が重なっている。

これらの政治的闘争の結果、シュライアマハーはフンボルトのもとで、一八一〇年二月には学術委員会（Wissenschaftliche Deputation）の委員長に就任している。それは高等教育及び学術行政の審議機関であり、大学の人事権を握っていた。そのために、開学直前になってシュライアマハーの影響力は人事権や学則の制定において急速に拡大されることになったのである。

さらにナポレオン以後の新しい国家体制の再構築を急いだプロイセンの国内事情を第三の要因としてあげなければならないであろう。すなわちナポレオンとの戦争に負け、国土を失い、政治や軍経済的な窮地に追い込まれ、さらにはハレ大学まで閉鎖させられたプロイセン王は、事や国家機構、さらには農業制度や都市制度を新たに再編成しただけではなく、それと同じ比重で新しい大学設置を推進したのである。その決断なしに、ベルリンでの大学設置はありえなかったであろうし、そこでシュライアマハーの学問体系論が講じられることもなかったであろう。国王は「国家は物資的な面で失ったものを、その精神的な諸力によって埋め合わせなければならない」と宣言し、それに応えて軍制改革者のゲルハルト・フォン・シャルンホルストが「プロイセンにとって武器、憲法、そして大学が三大優先事である」との認識を示し、そのような政策が実行に移されたのである。それは別の視点から見れば、この時代の大学論に見られる過度なナショナリズムとの結びつきであり、シュライアマハーによるこの大学論にも随所に見出される特徴であり、フンボルトやフィヒテの大学論ではより強調されている点である。

また社会的な条件についてさらに分析するならば、プロイセンにおける官僚の台頭と大学の整備とは切り離すことができないことだった、という点にも注目すべきであろう。啓蒙絶対主義とナポレオン時代にドイツのラディカルな改革を主張した世代は、伝統的な社会制度や宗教制度を批判し、それとの断絶を訴えたのであるが、彼らの批判の道具は「普遍的原理や学問的合理性」であった。これまでの、特権や因習が支配し、公平性や合理性とは相容れなかった社会システムの改造の試みである。シュライアマハーもフンボルトも、大学にも残るこのような因習を排除し、近代的な大学の形成を目指したのである。それは具体的には職務的な大学、すなわち大学教授になることでなんらかの土地を与えられ、その収入によって生活を維持するシステムの廃止と、大学教授の任用制度を合理的な基準によって行なうための制度の確立であった。

大学のみならず、社会のさまざまなシステムの改革を主張したのがこの時代の啓蒙主義者であり、アヴァンギャルドたちであった。この勢力が、新しい官僚、新しい学問、新しい大学が生まれてくる政治的・社会的基盤となった。

彼らは確かに伝統社会に対する小さな批判的な勢力にすぎなかったが、ナポレオンとの戦争に敗北したプロイセンが、急遽新しい、しかし経済的基盤の貧しい、そして領土分割により人工的に作り出された国家として再出発せざるをえなくなったときに、その行政は教育のあるこれらの新しい官僚たちの手に委ねられることになったのである。正確にはニッパーダイが言うように、「彼らしかいなかった」のである。つまりこの人工的な国家は国家のグランドデザインのために近代性と合理性とを選択したのである。なぜなら従来の行政を支えていた貴族は、突然の領土再編成のなかでは数も足りなく、またその行政能力も十分ではなかったからである。だからこそ優れた官僚組織の形成と職業化が必要となったのであり、その舞台として選ばれたのがベルリン大学であった。そこでは近代性と合理性とが求められたのであるが、具体的にはフンボルトの哲学的大学構想と国家のグランドデザインを担う官僚の育成という技巧的な課題とがひとつになった、ということなのである。

それはシュライアマハーもフンボルトも共有していた社会状況の認識であり、このような要請がベルリン大学を生み出し、このような社会的なコンテクストのうえに彼の学問体系論は構築されたのである。とりわけシュライアマハーはベルリン大学創設後も一八四三年までベルリン大学に留まったこともあり、彼の学問論はベルリン大学の形成とプロイセンの政治的な状況、そして宗教的な諸問題と深く関連している。ちなみにフンボルトはすでに述べた通り、ベルリン大学が創設された一八一〇年九月二九日にはウィーン大使に任命され、ベルリンを去っていたことを考えると、フンボルト理念による大学形成という問題については、いま一度その影響力も含めて検討してみる必要がある。それはフンボルトの影響を否定するという意味ではなく、むしろシュライアマハーをも含めたより広い意味でのベルリン大学創設の精神の再検討の必要性ということである。

さらにはフンボルト理念のみならず、ある時期、ドイツの近代的大学の制度や理念に大きく影響を受けた日本の大学は、改めてこの理念の本質を、大学での研究と教育自体が問われているこの時代にもう一度学ぶべきではないだろうか。ベルリンの哲学者たちは、実は制度や一度できあがったものを懸命に保持することではなく、また学問と政治、学問と時代精神とを切り離してしまうのでもなく、むしろ新しくなることこそ、伝統を保持することなのだという勇気に支えられていたことに学ぶべきであろう。シュライアマハーの『大学論』はそのために有意義なテクストのひとつだと思われる。

3　『大学論』の書誌的問題

今日『大学論』のもっとも信頼できる校訂作業を経たテクストはFriedrich Daniel Ernst Schleiermacher Kritische Gesamtausgabeの第1部門第六巻（Erste Abteilung Schriften und Entwürfe Bd. 6）に収録されたもの（Üniveritätsschriften/Herakleitos/Kurze Darstellung des theologischen Studiums hg. von Dirk Schmid, Berlin/New York 1984, 185-326）であろう。今回の翻訳は本書の初版であるFriedrich Daniel Ernst Schleiermacher, Gelegentliche Gedanken über Universitäten in deutschem Sinn. Nebst einem Anhang über eine neu zu errichtende. Berlin 1808. In der Realschulbuchhandlungを底本とし、全集における編集や校訂作業を参照しつつ行なった。

本書は一八〇八年にシュライアマハーの友人でもあった編集者ゲオルク・ライマーが経営するベルリンの出版・書籍実業学校出版部から刊行された。これはのちにデ・グロイター出版社となり、現在の新しい校訂版全集がこの出版社から刊行されている。初版は横七センチ、縦一二・五センチの小さな版型で、一七六頁の本文、タイトルとまえがきが八頁であった。各頁二四行で、一～一六〇頁まではそれぞれ一〇枚の全紙（ボーゲン）に一六頁分が印刷されており、一六一～一七六までは二枚の全紙に八頁分が印刷されている。

その後、本書は彼の最初の著作集Friedrich Schleiermacher's sämmtliche Werke. Dritte Abtheilung: zur Philosophie, Erster Band 1846, S. 535-644に収録された。

前世紀に入ると本書は大学論として再び注目され、Fichte, Schleiermacher, Steffens über das Wesen der Universität. Mit einer Einleitung hg. V. E. Spranger, Philosophische Bibliotek Bd. 120, Leipzig 1910, S. 105-203 に収録されている（本書は一九一九年に Über das Wesen der Universität. Drei Aufsätze von J. G. Fichte, F. Schleiermacher, H. Steffens aus den Jahren 1807-1809 というタイトルで再版された）。翌年一九一一年には Schleiermacher: Über Universität im deutschen Sinne, neu hg. v. O. Braun, Leipzig 1911 が本書初版の再版として刊行されている。また同年 Schleiermachers Werke. Auswahl in vier Bänden, hg. v. O. Braum/J. Bauer, Bd. 4, Leipzig 1911, S. 533-642 にも本書は収録された。この巻はのちに一九二八年に Philosophische Bibliothek. Bd. 139 として重版され、のちに出版社がアーレンに移ったあとも一九六七年と一九八三年に重版されている。

またあまり知られていないが、本書は一九一二年に Friedrich Schleiermacher, bearbeitet v. R. Wickert, Greßlers Klassiker der Pädagogik Bd. 28, Langensalza 1912, S. 383-410 に抄録されている。戦前では最後に一九二四年に Werke Schleiermachers, ausgewählt und eingeleitet v H. Mulert, Berlin 1924, S. 281-370 にも抄録された。

戦後シュライアマハーの大学論が、彼のより広い教育論とともに再び注目されるようになり、一九五六年には Die Idee der deutschen Universität. Die fünf Grundschriften aus der Zeit ihrer Neubegründung durch klassischen Idealismus und romantischen Realismus, hg. v. E. Anrich, Darmstadt 1956, S. 219-308 に収録され、一九五九年と一九六四年に再版が出ている。翌年には Friedrich

Schleiermacher. Pädagogische Schriften, hg. von E. Wagner, Bd. 2, Düsseldorf/München 1957, S. 81-139 に収録されている。これは一九六六年に第二版が出ているが、一九八四年に Ullstein Buch Frankfurt a. M./Berlin から新しい装丁で刊行された。

一九五九年には教育学叢書の一冊として刊行された Ausgewählte pädagogische Schriften von F. D. E. Schleiermacher, hg. v. E. Lichtenstein, Paderborn 1959, S. 244-255 に抄録されている。これは一九六四年と一九八三年にそれぞれ増刷されている。

一九六〇年には Idee und Wirklichkeit einer Universität. Dokumente zur Geschichte der Friedrich-Wilhelms-Universität zu Berlin, hg. v. W. Weischedel, Berlin 1960, S. 106-192 に、一九九〇年には Gelegentliche Gedanken über Universitäten von J. J. Engel, J. B. Erhard, F. A. Wolf, J. G. Fichte, F. D. E. Schleiermacher, K. F. Savigny, W. v. Humboldt, G. W. F. Hegel, hg. v. E. Müller, Leipzig 1990, S. 159-253 に収録された。

また日本では、今から半世紀以上も前になるが一九六一年に明治図書から梅根栄一氏の翻訳で、世界教育学選集の一冊としてシュライエルマッヘル『国家権力と教育』に、「ドイツ的意味での大学についての随想」という題で一度翻訳されている。今回の翻訳では、初版を元に、校訂版によって原著の誤植を確認し、すべての文章を翻訳した。

なお訳文中〔 〕で括られた単語や文章は訳者の挿入であり、注はすべて訳注である。

引用文献一覧

1. Heinz-Elmar Tenorth und Charles E. McClelland, Gründung und Blütezeit der Universität Berlin 1810-1918 (=Geschichte der universität Unter den Linden. Bd. 1), Berlin 2012
2. Adolf Harnack, Leibniz und Wilhelm von Humboldt als Begründer der Königlich preußischen Akademie der Wissenschaft, in: Aus Wissenschaft und Leben, Bd. 1, Giesen 1911, S. 21-38
3. ders., Zur Kaiserlichen Botschaft vom 11. Oktober 1910: Begründung von Forschungs- instituten, in: a. a. O. S. 39-64
4. Rüdiger von Bruch, lamgsamer Abschied von Humboldt? Etappen deutscher Universität- Geschichte 1810-1945, in: M. G. Ash (hg.), Mythos Humboldt. Vergagenheit und Zukunft der deutsche Universität, Wien 1999, S. 29-57
5. Silvia Paletschek, Verbreitete sich ein 'Humboldt'sches Modell' an den deutschen Universitäten im 19. Jahrhundert? in: R. C. Schwinges (hg.), Humboldt International. Der Export des deutschen Universitätsmoderlls im 19. Und 20. Jahrhundert, Basel 2001
6. Eduward Sprunger, Fichte, Schleiermacher, Steffens. Über das Wesen der Universität, Liepzig 1910
7. Eberhard Jüngel, Schleiermacher, Friedrich Daniel Ernst, in: Religion in Geschichte und Gegenwart. Handwörterbuch für Theologie und Religionswissenschaft, 4. Aufl. Bd. 7, Tübingen 2004, Sp. 904-919
8. Wilhelm Dilthey, Friedrich Daniel Ernst Schleiermacher, in: Gesammelte Schriften, Bd. IV, 1959, 1974 (5. Aufl.), Göttingen S. 354-402
9. Thomas Nipperdey, Nachdenken ueber die deutsche Geschichte. Essays. München 1998 (Taschenbuch)
10. Christian Albrecht, Schleiermachers Theorie der Frömmigkeit. Ihr wissenschaftlicher Ort und ihr systematischer Gehalt in den Reden, in der Glaubenslehre und in der Dialektik (Schleiermacher-Archiv 15), Berlin/New York: de Gruyter 1994

訳者あとがき

本書は一八一〇年のベルリン大学創設にさいして書かれた「大学論」のひとつである。ヨハン・ゴットリープ・フィヒテの大学論が有名であるが、シュライアマハーの大学論は当時広く読まれ、さまざまな議論を巻き起こしたことで知られている。

これは解題でも書いた通りフリードリヒ・ヴィルヘルム三世の正枢密顧問官であったカール・フリードリヒ・バイメの構想である「総合教育機関」(Allgemeine Lehranstalt)への批判の書である。Allgemeine Lehranstalt はまさに Studium Generale の翻訳で、「大学」Universität ではない。Universität が教師と学生によるギルド的な団体であるのに対して、Studium Generale は王や教会、あるいは政府によって設立された官吏養成機関である。バイメの構想は、この Studium Generale のフランス版であり、ナポレオンの軍事支配下でドイツにも大きな影響を与えた L'école polytechnique のドイツ・モデルの設置であった。シュライアマハーはそれを批判し、彼独自の Universität 論を展開したのである。彼は、大学は国家のための御用学問を教える御用学者の集団ではないと考えていた。だから彼は彼の学問論に基づいた哲学的大学論について本書で論じたのである。

二百年以上前の大学論が今日の日本の大学問題に直接的な意味をもっているとは思わないが、大学改革の必要性が主張され、特に文化系の学部の意義が問われ、学部の改組が急速に行なわれている今日、もう一度大学論の古典を読んでおくことは重要なのではないかと思う。

本書の翻訳原稿はいまから五年ほど前に、ある大学の「大学論」の研究プロジェクトに参加することになり、そこでの研究発表のために用意されたものである。ところがある事情で二年目からはこの研究プロジェクトに参加することができなくなり、そのとき用意した研究とこの翻訳は行き場を失ったままであった。あるとき別の仕事のことで未來社の長谷川大和氏と話をしていると、たまたま本書の話になり、刊行をお勧めいただき、本書は再び日の目を見ることとなった。それゆえに刊行にあたって長谷川大和氏に心から感謝したいと思う。またこのような古典をもう一度、二一世紀の日本に紹介する機会を与えて下さった西谷能英社長に深く御礼申し上げたいと思う。

二〇一五年一二月　名古屋市守山区の研究室にて

深井智朗

著者略歴
フリードリヒ・シュライアマハー（Friedrich Daniel Ernst Schleiermacher, 1768-1834）
ドイツの神学者、哲学者。敬虔主義と啓蒙主義の双方の影響下で自身の神学を確立する。1804 年にハレ大学神学部に就任。1806 年にハレ大学が閉鎖されると、翌年からベルリン大学開設計画に携わる。創設後、神学部長に就任。邦訳に『独白』（木場深定訳、岩波文庫、1995 年）、『神学通論（1811 年 /1830 年）』（加藤常昭・深井智朗訳、教文館、2009 年）、『宗教について――宗教を軽蔑する教養人のための講話』（深井智朗訳、春秋社、2013 年）ほか。

訳者略歴
深井智朗（ふかい・ともあき）
1964 年生まれ。アウクスブルク大学哲学・社会学部博士課程修了。Dr. Phil.（アウクスブルク大学）、博士（文学、京都大学）。現在、金城学院大学人間科学部教授。専門はドイツ宗教思想史。著書に『ヴァイマールの聖なる政治的精神』（岩波書店、2012 年）、『思想としての編集者――現代ドイツ・プロテスタンティズムと出版史』（新教出版社、2011 年）。訳書に E・トレルチ『キリスト教の絶対性と宗教の歴史』（春秋社、2015 年）、F・W・グラーフ＋A・クリストファーセン編『精神の自己主張――ティリヒ＝クローナー往復書簡 1942-1964』（共訳、未來社、2014 年）ほか。

[転換期を読む 25]

ドイツ的大学論

2016 年 2 月 15 日　初版第一刷発行

本体 2200 円＋税―――――定価

フリードリヒ・シュライアマハー―――著者

深井智朗―――――訳者

西谷能英―――――発行者

株式会社　未來社―――――発行所

東京都文京区小石川 3－7－2
振替 00170-3-87385
電話(03)3814-5521
http://www.miraisha.co.jp/
Email:info@miraisha.co.jp

萩原印刷―――――印刷

ISBN 978-4-624-93445-3 C0314

未紹介の名著や読み直される古典を、ハンディな判で

シリーズ❖転換期を読む

17 教育の人間学的考察

マルティヌス・J・ランゲフェルト著◉和田修二訳◉二八〇〇円

24 精神の自己主張――ティリヒ＝クローナー往復書簡 1942-1964

F・W・グラーフ＋A・クリストファーセン編◉茂牧人・深井智朗・宮崎直美訳◉二二〇〇円

［消費税別］

本書の関連書

＊人文学と制度

西山雄二編◉三二〇〇円

＊哲学と大学

西山雄二編◉二四〇〇円

＊激震！ 国立大学――独立行政法人化のゆくえ

岩崎稔・小沢弘明編◉一六〇〇円

＊大衆化する大学院――一個別事例にみる研究指導と学位認定

折原浩著◉一八〇〇円

［消費税別］